NCS
수리
능력

수리
능력

초판발행 2017년 4월 25일 **3쇄발행** 2022년 11월 10일 **저 자** 한국표준협회 NCS연구회
펴낸이 박 용 **펴낸곳** (주)박문각출판 **표지디자인** 한기현 **디자인** 이현숙
등 록 2015. 4. 29. 제2015-000104호 **주 소** 06654 서울시 서초구 효령로 283 서경빌딩
전 화 02) 6466-7202 **홈페이지** www.pmg.co.kr

ISBN 979-11-6151-032-3 / ISBN 979-11-7023-071-7(세트)
정가 14,000원

NCS

직업기초능력평가

수리
능력

기업 · 공공기관 취업 대비

최고 합격 전략서

NCS 기반 직업기초능력시리즈

한국표준협회 NCS연구회 편저

ΩMG 박문각

수리능력은 단순히 수학을 잘한다는 의미가 아닙니다.

기업은 이익을 추구하는 집단이고, 경제에서 중요한 역할을 하는 주체입니다. 이런 기업은 여러 구성원과 자본이 모여서 투자, 구매, 고용, 생산, 판매, 소비를 통해 수익을 창출하고 그 수익을 분배해 가계를 유지하는 역할을 합니다. 비록 사람처럼 생명을 가진 존재는 아니더라도 사람과 동일하게 하나의 주체로서 사업자 등록증을 발급하고, 세금을 내며, 재산의 보유를 인정받는 존재입니다.

이런 기업은 끊임없이 새로운 근로자가 입사를 하고 기존 근로자가 퇴사를 하면서 유지하기에 신입 사원의 역량은 회사의 존폐 여부에 영향을 미칠 수 있습니다. 기업이 원하는 최소한의 기본 능력을 가진 예비 직업인을 양성하기 위해 국가적 관리에 의해 재원을 교육하고, 평가하여 취업과 동시에 역할을 수행할 수 있도록 국가직무능력표준(NCS, National Competency Standards)이 개발되었습니다.

NCS의 10개 분야 중에 유일하게 과학적, 수학적 접근 방법과 기술을 사용하는 부분이 수리능력입니다. 여기서 말하는 수리능력은 학교에서 배운 수학적 스킬이 아닌, 문제를 해결하기 위해 과학적이고 논리적인 사고를 가지고 접근하는 능력입니다. 단순하게 문제 하나를 더 풀고, 덧셈을 정확하게 하는 것이 아닙니다.

수리능력은 직장 생활에서 요구하는 기본적인 사칙연산과 기초적인 통계를 이해하고, 주어진 자료와 도표를 논리적으로 해석하여 필요한 정보를 습득할 수 있는 능력을 의미합니다. 수학을 기본으로 자료를 수집, 정리, 요약, 분석하여 새로운 관점의 정보를 유추할 수 있는 것입니다.

수리능력은 기초연산능력, 기초통계능력, 도표분석능력, 도표작성능력으로 구성되어 있습니다. 기초연산능력은 사칙연산을 기본으로 하여 수를 다룰 수 있는 능력이고, 기초통계능력은 기본적 통계학을 이용하여 자료를 정리, 분석하는 능력입니다. 도표분석능력은 다른 사람이 작성한 표와 그래프 등의 도표를 정확히 읽어 작성자가 전하고자 하는 것을 분석할 수 있는 능력이고, 내가 전달하고 싶은 내용을 정확하게 도표로 작성할 수 있는 능력이 도표작성능력입니다. 위 4가지 능력이 우리가 이 책을 통해 배울 내용입니다.

이 한 권의 책으로 위의 모든 것을 담는다는 것은 불가능합니다. 하지만 최대한 자세히 기술하여 혹시라도 모르는 부분이 생긴다면 다른 매체를 통해 스스로 학습할 수 있는 바탕을 만들어주고 싶었습니다. 욕심에 비해 능력이 부족해 미흡함이 있겠지만 이 책이 여러분의 안내서로서의 역할을 해주길 바랍니다.

사전 평가 → 이론 → 알아 두기 → 사례 (연구) → 탐구 활동 → 학습 평가 → Tip → 학습 정리 → 사후 평가

01 사전 / 사후 평가

사전 평가는 본 책을 학습하기 전에 직업기초능력의 각 하위능력에 대한 학습자의 현재 수준을 진단하고, 학습자에게 필요한 학습활동을 안내하는 역할을 합니다. 이 평가지를 통해 학습자는 자신의 강점과 약점에 대해 미리 파악할 수 있습니다.

사후 평가는 학습자들이 본인의 성취 수준을 평가하고, 부족한 부분을 피드백받을 수 있도록 하기 위한 마지막 단계입니다. 체크리스트가 제시되어 있으므로, 학습자의 능력 향상 체크에도 활용할 수 있습니다.

제1절 사칙연산

1 수의 체계

수는 인류의 역사와 함께 발달해 왔다. 자연수는 물건을 세기 위해서 만들어진 가장 오래된 수이다. 정수는 자연수의 뺄셈 시 음수의 개념이 필요하게 되어서 만들어졌고 유리수는 또 정수의 나눗셈 시 분수와 소수의 개념이 필요해지면서 만들어졌다. 이렇게 필요에 따라 현재 우리가 사용하는 수의 체계가 완성되었다.

1) 자연수

우리가 수를 처음 배울 때 다루는 것이 자연수이다. 자연수는 1, 2, 3, 4, 5, … 등이 그 예이다. 두 자연수를 더하거나 빼거나 곱해도 그 결과는 자연수로 나타난다. 나눗셈은 분수가 나올 수 있고 분모의 크기가 분자의 크기보다 크면 계산 결과로 나온 수는 자연수가 아닐 수 있다.

자연수는 덧셈에 대한 항등원이 없고, 곱셈에 대해서는 1이 항등원이다. 덧셈에 대한 항등원은 임의의 자연수 a에 대해 $a + x = a$, $x = a$, $x = 0$이어서 0이 덧셈에 대한 항등원이지만 0은 자연수에 속하지 않고 정수에 속하는 숫자이므로 자연수는 덧셈에 대한 항등원이 없다고 한다. 곱셈에 대한 항등원은 $a \times x = a$, $x = a \div a$, $x = 1$이므로 1은 자연수에 속한 수로 곱셈에 대한 항등원은 1이다.

02 이론학습

직업기초능력 중 수리능력의 하위능력과 세부 요소로 구성되어 있습니다. 이를 자세히 살펴보면 1장 수리능력 – 2장 기초연산능력 – 3장 기초통계능력 – 4장 도표분석능력 – 5장 도표작성능력의 순서로 구성되어 있으며, 이를 통해 수리능력에 대한 학습을 완결 지을 수 있습니다.

직업기초능력	하위능력
[1장] 수리능력	[2장] 기초연산능력
	[3장] 기초통계능력
	[4장] 도표분석능력
	[5장] 도표작성능력

03 사례(연구) / 탐구활동

사례연구는 학습자들이 습득한 이론과 관련된 사례 및 교육적 시사점을 제시하는 부분으로, 학습자들이 앞에서 배운 이론을 보다 쉽게 이해하는 데 도움을 주는 역할을 하며, 이론 부분에 함께 수록된 별도의 다양한 사례들은 학습자들의 사례 중심 학습에 도움을 줍니다.

또한, 학습자들은 사례 및 사례연구를 바탕으로 여러 가지 의견을 나누어 보는 탐구활동을 통하여 자신의 생각과 의견을 넓혀 나가게 됩니다.

04 학습평가 / 학습정리

학습평가는 학습자들이 습득한 이론을 바탕으로 문제를 풀어 보면서 실력을 점검할 수 있도록 하는 역할을 합니다. 학습자들은 앞에서 습득한 이론과 사례를 토대로 문제를 풀면서 옳고 그름을 판별할 수 있게 됩니다.

또한 학습자들은 앞에서 배운 이론을 간단하게 요약한 학습정리를 통하여 자신의 실력을 탄탄하게 다질 수 있게 됩니다.

Contents | 차례

사전 평가[1]

체크리스트

다음은 모든 직업인에게 일반적으로 요구되는 수리능력 수준을 스스로 알아볼 수 있는 체크리스트이다. 본인의 평소 행동을 잘 생각해 보고, 행동과 일치하는 것에 체크해 보시오.

문항	그렇지 않은 편이다.	그저 그렇다.	그런 편이다.
1. 나는 수리능력의 중요성을 설명할 수 있다.	1	2	3
2. 나는 업무를 수행함에 있어서 수리능력이 활용되는 경우를 설명할 수 있다.	1	2	3
3. 나는 업무 수행 과정에서 기본적인 통계를 활용할 수 있다.	1	2	3
4. 나는 업무 수행 과정에서 도표를 읽고 해석할 수 있다.	1	2	3
5. 나는 업무 수행에 필요한 수의 개념, 단위 및 체제 등을 설명할 수 있다.	1	2	3
6. 나는 사칙연산을 활용하여 업무 수행에 필요한 계산을 수행할 수 있다.	1	2	3
7. 나는 검산 방법을 활용하여 연산 결과의 오류를 확인할 수 있다.	1	2	3
8. 나는 업무 수행에 활용되는 기초적인 통계 방법을 설명할 수 있다.	1	2	3
9. 나는 업무 수행 과정에서 기본적인 통계 자료를 읽고 해석할 수 있다.	1	2	3
10. 나는 통계 방법을 활용하여 업무 수행에 필요한 자료를 제시할 수 있다.	1	2	3
11. 나는 도표의 종류별 장단점을 설명할 수 있다.	1	2	3
12. 나는 제시된 도표로부터 필요한 정보를 획득할 수 있다.	1	2	3
13. 나는 제시된 도표를 비교·분석하여 업무에 적용할 수 있다.	1	2	3
14. 나는 효과적인 도표 작성 절차를 설명할 수 있다.	1	2	3
15. 나는 도표를 활용하여 핵심 내용을 강조할 수 있다.	1	2	3
16. 나는 도표의 종류에 따른 효과적인 제시 방법을 설명할 수 있다.	1	2	3

1) 출처 : 한국산업인력공단, 『직업기초능력 수리능력 학습자용 워크북』, pp.5~6 발췌

평가 방법

체크리스트의 문항별로 자신이 체크한 결과를 아래 표를 이용하여 해당하는 개수를 적어 보자.

문항	수준	개수	학습모듈	교재 Page
1~4번	그렇지 않은 편이다. (부정)	(　　)개	수리능력	pp.14~43
	그저 그렇다. (보통)	(　　)개		
	그런 편이다. (긍정)	(　　)개		
5~7번	그렇지 않은 편이다. (부정)	(　　)개	기초연산능력	pp.46~93
	그저 그렇다. (보통)	(　　)개		
	그런 편이다. (긍정)	(　　)개		
8~10번	그렇지 않은 편이다. (부정)	(　　)개	기초통계능력	pp.96~125
	그저 그렇다. (보통)	(　　)개		
	그런 편이다. (긍정)	(　　)개		
11~13번	그렇지 않은 편이다. (부정)	(　　)개	도표분석능력	pp.128~175
	그저 그렇다. (보통)	(　　)개		
	그런 편이다. (긍정)	(　　)개		
14~16번	그렇지 않은 편이다. (부정)	(　　)개	도표작성능력	pp.178~229
	그저 그렇다. (보통)	(　　)개		
	그런 편이다. (긍정)	(　　)개		

평가 결과

진단 방법에 따라 자신의 수준을 진단한 후, 한 문항이라도 '그렇지 않은 편이다.'가 나오면 그 부분이 부족한 것이기 때문에, 제시된 학습 내용과 교재 Page를 참조하여 해당하는 학습 내용을 학습하시오.

NCS
직업기초능력평가

수리
능력

수리능력

제❶장
수리능력

제1절 직업인의 수리능력
제2절 단위

▶▶ 학습 목표

구분	학습 목표
일반 목표	직장 생활에서 요구되는 사칙연산과 기초적인 통계를 이해하고, 도표의 의미를 파악하거나 도표를 이용하여 결과를 효과적으로 제시하는 능력을 기를 수 있다.
세부 목표	1. 수리능력이란 무엇인지 설명할 수 있다. 2. 직업인에게 수리능력이 중요한 이유를 설명할 수 있다. 3. 다양한 단위를 읽고 해석할 수 있다.

▶▶ 주요 용어 정리

수리능력

직장 생활에서 요구되는 사칙연산과 기초적인 통계를 이해하고, 도표 또는 자료(data)를 정리, 요약하여 의미를 파악하거나 도표를 이용해서 합리적인 의사 결정을 위한 객관적인 판단 근거로 제시하는 능력을 말한다.

기초연산능력

직장 생활에서 필요한 기초적인 사칙연산과 계산 방법을 이해하고 활용하는 능력을 말한다.

기초통계능력

직장 생활에서 평균, 합계, 빈도와 같은 기초적인 통계 기법을 활용하여 자료를 정리하고 요약하는 능력을 말한다.

도표분석능력

직장 생활에서 도표가 의미하는 것을 효과적으로 분석하는 능력이다.

도표작성능력

직장 생활에서 자료(data)를 이용하여 도표를 효과적으로 제시하는 능력이다.

단위(單位, unit)

길이, 무게, 시간 등의 양을 숫자로 나타낼 때 기초가 되는 일정한 기준이다.

제1절 직업인의 수리능력

1 기업이 요구하는 수리능력

1) 기업은 경제 주체

우리가 살아가는 데 있어서 필요로 하는 입는 옷, 먹는 음식, 사는 집과 같이 욕망을 채워 주는 여러 가지 물건을 재화(財貨, goods)라 한다. 이런 재화는 형태를 가진 것도 있지만 형태가 없는 것도 있다. 형태가 있는 것으로는 휴대폰, 노트북, 자동차 등이 있고, 형태가 없는 것으로는 서비스(service) 또는 용역(用役) 등이 있다.

자급자족을 하던 원시 시대와 달리 인간생활에 필요한 재화나 용역을 구하려면 경제 활동이 필요하다. 따라서 경제의 3주체인 가계, 기업, 정부는 재화나 용역의 생산, 분배, 소비 활동을 하는데, 이를 경제(經濟, economy)라고 한다. 경제 3주체는 다음 그림과 같은 관계를 가지고 있다.

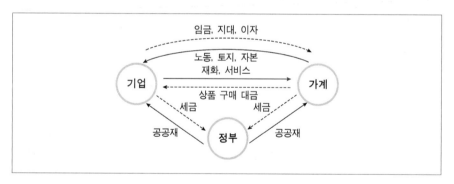

| 그림 1-1 | 경제 3주체

① 기업

가계로부터 노동력을 제공받아 경제 활동(투자, 구매, 고용, 생산, 판매, 소비 활동)을 통해 재화와 용역을 생산하여 가계와 기업에 판매한다. 판매 활동을 통해 현금을 벌어서 직업인들에게 용역의 대가로 급여를 지불한다.

② 가계

가계의 구성원이자 기업의 구성원인 직업인은 기업에 노동력을 제공하여 재
화와 용역을 생산해 내는 대가로 급여를 지급받아 기업으로부터 재화와 용
역을 구입하여 소비한다.

③ 정부

정부는 공공재를 가계와 기업에 공급하고, 이들로부터 세금을 거둬 국가 경
제를 운영한다.

경제 3주체 가운데 기업은 투자, 구매, 고용, 생산, 판매, 소비 활동을 통한
수익 창출을 목적으로, 현금과 실물의 흐름에 중요한 역할을 하는 집단이다.
기업은 인사, 자산, 부채, 재고, 판매 등을 기록하여 관리할 때 장부를 이용한다.
장부에는 현금과 부채의 수입과 지출이 기록되고, 기업의 생산 활동에 필요한
자재와 생산물의 관리 또한 관리대장인 장부를 통해 기록된다. 장부는 관리
대상에 따라 이름은 다르지만 기본적으로 차변과 대변으로 이뤄져 있으며,
수입과 지출이 일정한 법칙에 따라 숫자로 기록된다. 기업이 직업인들에게
수리능력을 요구하는 이유는 숫자와 장부를 이용하여 기업의 재무가 관리되기
때문이다.

2) 기업과 직업인

직업인들에게 있어서 수리능력은 업무 수행 시 요구되는 사칙연산, 도표 또는
자료의 정리·요약 및 이해, 더 나아가 도표 등을 이용하여 논리적·합리적인
의사 결정을 위한 판단 근거를 제시하는 능력이라고 할 수 있다. 따라서 직업인
에게 수리능력의 배양은 업무 수행 과정에서 겪게 될 문제 해결의 기초적 분석
력을 제고하기 위해 반드시 필요하다.

다음은 실제 인사 담당자와의 인터뷰 사례이다. 이 인터뷰를 읽어 보면 왜 수리
능력이 필요한지 알 수 있다.

사례 ❶

회사에서 본 신입 사원의 모습

우리나라의 대표적 기업 중 하나인 L사는 몇 해 전부터 신입 사원들을 대상으로 기초 학력 Test를 실시하고 있다. … (중략) … 그러나 기초 학력 Test 결과 초등학교 수준의 계산 문제를 풀지 못하는 인원도 상당수이고, 1분 30초를 90초가 아닌 130초로 입력해 대규모 불량을 발생시킨 사례도 있어 어려움을 호소하고 있다.

L사의 인사 담당자는 신입 사원의 기초 학력이 매우 부족하여 회사에서 일하는데 기본적으로 필요한 사항을 충족하는 인재는 점차 희소해지고 있다며 어려움을 토로하였다. 이에 따라 기초 학력 중에서도 수리능력에 대한 재교육을 실시하는데 막대한 비용이 들며 업무상 에러가 매우 빈번하게 발생하고 있음을 그 사례로 제시하고 있다.

다음은 위 사례에서 L사가 실제로 실시하고 있는 기초 학력 Test의 일부 문제를 발췌한 것이다. 다음 문제를 해결하여 빈칸을 채워 보자.

1   다음을 계산하여라.

① $1 + \dfrac{2}{3}$ ② $3271 - 697$

③ 3.5×15 ④ $150 \div 6$

⑤ $(-11) + (+17)$

2   다음 도량형에 맞게 빈칸을 채우시오.

① $1\text{kg} = ($ $)\text{g}$

② $1\text{cm} = ($ $)\text{mm}$

③ $1\text{k}l = ($ $)l$

④ $1l = ($ $)\text{cc}$

⑤ $1\text{분} = ($ $)\text{초}$

⑥ $1\text{시간} = ($ $)\text{분}$

앞 제시문의 문제는 난도가 그다지 높지 않다는 것을 알 수 있다. 그러므로 이 정도 난도의 시험을 본다는 것은 기업에서 요구하는 수리능력이 고차원적으로 전문성을 가지는 수준은 아니라고 판단된다.

2 수리능력의 구성

수리능력은 총 다섯 가지 능력으로 구성되어 있다. 사칙연산능력, 기초통계능력, 도표분석능력, 도표작성능력이다. 사칙연산은 덧셈과 뺄셈, 곱셈과 나눗셈을 이용하여 문제를 해결하는 능력이다. 기초통계능력은 평균, 중앙값, 분산 등 기초적인 통계 용어를 숙지하고 간단한 자료로 그 값을 구하는 능력이다. 도표분석능력은 수가 아닌 표, 그래프, 다이어그램과 같은 시각 자료가 가지고 있는 의미를 파악하는 능력이고, 도표작성능력은 자신이 전달하고자 하는 바를 도표로 나타내는 능력을 말한다.

1) 기초연산능력

업무 영역에 필요한 기초적인 사칙연산과 계산 방법을 이해하고 활용하는 능력을 말한다. 즉 업무 과정에서 연산이 필요한 경우 다단계의 복잡한 사칙연산을 수행하고, 검산을 통해 오류를 파악하여 수정하는 일련의 모든 능력이다.

기업은 이윤을 추구하는 경제 주체이므로 현금을 어떤 방법으로 벌고, 어떻게 쓰는가가 중요한 문제이다. 이런 현금의 흐름은 우리가 사용하는 언어로 표현하는 것보다는 표나 숫자를 이용해 표현하는 것이 정확하고 간단하다.

예를 들면, 모든 기업은 장부를 작성해야 한다. 언제 어떤 돈이 어디를 통해서 입금되어서, 어떤 목적으로 사용되었는가를 기록한 것이 장부이다. 장부는 항목을 제외하고는 모두 숫자로 표현되어 있다. 단순 장부에는 간단한 덧셈과 뺄셈이 사용되지만 기장 장부는 감각상각 등 조금 더 복잡한 수식에 의해 계산되는 부분이 있다.

그래서 사칙연산과 그 사칙연산이 올바르게 되었는지를 확인하는 검산까지 포함한 부분이 기초연산능력 분야이다.

2) 기초통계능력

업무 영역에서 평균, 합계, 빈도와 같은 기초적인 통계 기법을 활용하여 자료를 정리하고 요약하는 능력을 말한다. 다단계의 복잡한 통계 기법과 중복적인 통계 기법을 활용하여 객관적이고 논리적인 결과를 도출하기 위해서는 그 과정에서 기초연산능력이 필요하다.

통계는 기초연산능력을 기반으로 하여 원 자료가 가지고 있는 숨은 의미나 가치를 찾아내어 이용하는 것을 말한다. 평균, 최솟값, 최댓값 등이 바로 통계의 일부분이다.

3) 도표분석능력

도표(그림, 표, 그래프 등)를 분석하여 숨어 있는 뜻을 파악하고, 그 정보를 이용하는 능력이다. 언어가 아닌 도표를 통해 작성하는 이가 전달하고자 하는 의미를 파악해야 하는데 이를 위해서는 각 도표의 특징, 장단점을 잘 숙지하고 있어야 한다. 수리적 능력을 기반으로 다양하고 복잡한 도표를 정확히 읽어 내는 반드시 필요한 능력이라 할 수 있다. 신문 기사를 보면 표나 도표가 눈에 잘 들어오는 것을 알 수 있다. 기사 제목과 연관된 표나 그래프를 비교해 보면 그 내용을 훨씬 더 쉽게 파악할 수 있다. 이것이 바로 도표에 대한 분석능력이다.

어떤 자료가 아무리 풍부하다고 해도 정리되어 있지 않으면 그 내용을 파악하는 데 애를 먹는다. 복잡한 내용을 한눈에 파악하기 좋게 규칙성을 지켜 나열한 것이 표라면, 그래프는 그 표를 이용해 직선이나 곡선, 또는 기호 등으로 한눈에 이해하기 쉽도록 표현한 것이다. 도표는 방대한 자료 속에서 통계적 수치의 공통점이나 규칙들을 그림이나 표, 그래프 등을 이용해 정리해 놓은 것이어서 내용 전달력이 훨씬 수월하다. 따라서 전달하고자 하는 자료 속에서 규칙성이나 공통점 등을 찾아내어 표로 작성하거나 혹은 그 표를 기반으로 그래프를 작성하면 보는 이로 하여금 훨씬 더 빠른 이해를 도울 수 있을 것이다. 또 최근 들어 널리 활용되고 있는 인포그래픽의 경우는 표와 그래프, 그림이 모두 융합된 것으로 정보 해석력이 월등하다.

도표는 많이 접할수록 분석력이 늘고 익숙해지는데, 이렇게 되기 위해서는 도표를 읽는 연습이 필요하고, 반대로 잘 읽기 위해서는 작성하는 연습도 필요하다. 우리는 이것을 도표작성능력에서 배운다.

4) 도표작성능력

자료를 이용하여 도표를 논리적이고 효과적으로 제시하여 상대를 설득하는 능력을 말한다. 도표는 시각적 효과가 큰 보조적 도구이지만, 글이 아닌 숫자와 그림으로 의미를 전달하기 때문에 자료에 대한 이해와 도표를 작성하는 목적, 그리고 도표의 특징과 장단점을 잘 습득하고 있어야 한다.

3 수리능력이 중요한 이유

1) 수학적 사고를 통한 문제 해결

업무 수행 과정 시 수학적 사고와 지식을 적용하여 문제를 해결하면, 여러 문제의 해법을 보다 쉽게 찾게 된다. 수학적 사고란 문제 해결에 초점을 맞추는 것이 아니라 그 문제의 근본적인 원리와 규칙을 밝히고 개념을 파악해서 문제를 해결하는 것을 말한다.

문제의 원리와 개념을 안다는 것은 단순하게 그 문제 하나를 해결할 수 있다는 의미보다 더 큰 의미를 가진다. 원리와 개념을 알면 비슷한 유형에서는 응용이 가능하고 다른 시각에서 접근도 가능하다. 당장 문제를 해결하는 데 시간이 걸리겠지만, 근본적인 해결에는 도움이 된다.

최근에는 사회적 문제나 자연적 문제도 수학적 접근 방법으로 문제를 파악하고 해결하는 방법이 많이 사용된다. 통계학적 기술들이나 수리학적 기술은 사회와 자연에 관한 여러 가지 이론을 만들고 이를 증명하는 데 활용되고 있다. 물론 수학적 접근 방법이 수학 문제를 해결하는 것과는 다르다는 점은 주지하기 바란다.

2) 직업 세계의 변화에의 적응

모든 지식들은 반드시 선행되는 지식이 있다. 수리적인 지식 역시 기초부터 차근차근 쌓아야 한다. 과학과 IT의 발달은 과거의 그 어느 지식보다 빠르게 변화하며 발전하고 있다. 이렇게 빠른 변화에 적응하고 습득하기 위해서는 그 기반에 탄탄한 기본 소양이 있어야 한다. 따라서 지식을 습득하여 이해하고 활용하기 위해서는 수리능력의 논리적이고 단계적인 학습이 요구된다.

예를 들어, 컴퓨터를 켜지도 못하는 직원에게 노트북을 주면서 업무에 활용하라고 한다든지, 워드프로세스를 자유롭게 다루지 못하는 직원에게 1~2시간짜리 교육을 한 후 전자결제 시스템을 이용해 보고서를 올리라고 했다 하자. 과연 그 직원은 지시받은 업무를 제대로 처리할 수 있을까?

현대 사회에서 테크놀로지는 더 빠른 속도로 발달하고 있어서 그 속도를 쫓아가기도 벅찰 때가 있다. 원론적인 얘기처럼 들리겠지만 좀 더 쉽게 변화에 적응하는 방법은 가장 기본적인 지식을 습득하고 이해하여 완전히 내 것을 만들어야 한다는 것이다.

3) 실용적 지식의 습득

수학적 지식이나 기능은 추상적인 성격보다는 실용적인 성격이 강하다. 일상생활이나 업무에 바로 적용이 가능하며, 나아가 반복적인 경험은 더욱 복잡한 문제도 해결할 수 있는 능력의 배양과 새로운 아이디어나 개념을 도출하는 데 도움이 된다.

수리 영역의 대표적인 학문이라 할 수학과 과학은 실질적인 삶의 필요로 인하여 발달된 학문이다. 예를 들면, 대수학의 경우, 세금을 공평하게 잘 걷어서 사용하기 위해 발달했다는 설이 있고, 이집트에서 기하학이 발달한 이유는 나일 강의 범람에 의해 토지의 경계가 없어졌을 때 다시 그 경계를 만들기 위함이었다는 설이 있다.

모든 일은 익숙해지면 처음과 다른 시각으로 대하게 된다. 여유가 있기 때문이기도 하겠지만, 익숙해져서 쉽게 문제를 해결할 수 있는 능력이 생기는 것이다. 이런 변화는 그 분야에 대한 이해가 높고 지식이 많을수록 문제의 근본적인 측면으로 접근이 가능하다. 이러한 접근이 새로운 문제해결능력이 발휘되는 토양이 될 것이다.

탐구활동

수리능력과 생활

직장 생활 외에도 우리가 수업을 듣거나 물건을 살 때, 수리능력이 필요한 경우가 있다. 자신의 다양한 경험을 기반으로 수리능력이 중요한 이유가 무엇인지 적어 보자.

1. 학생으로서 수리능력이 중요한 이유

　　①

　　②

　　③

2. 가족의 구성원으로서 수리능력이 중요한 이유

　　①

　　②

　　③

3. 직장인으로서 수리능력이 중요한 이유

　　①

　　②

　　③

학습평가

정답 및 해설 p.236

1 기초직업능력으로서 수리능력은 다음 4개 능력으로 구성된다. 빈칸에 들어갈 적절한 용어를 적어 보시오.

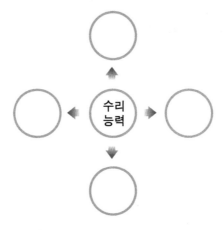

2 수리능력이 중요한 이유 세 가지를 적어 보시오.

①

②

③

제2절 단위

1 단위란?

단위의 사전적 정의는 길이, 무게, 시간 등의 양을 숫자로 나타낼 때 기초가 되는 일정한 기준을 말한다. 또한 단위는 그 앞에 있는 숫자에 의미를 부여하는 역할을 한다. 단위는 크게 두 가지 종류로 나뉘는데, 하나는 국제도량총회에서 결정한 국제단위계인 SI단위계(International System of Units)이고 다른 하나는 동일 지역, 경제권, 문화권에서 사용하는 관습단위계이다.

학교에서 신체검사가 있던 날, 하굣길에 두 학생이 다음과 같은 대화를 하고 있다.

> 학생 A: 오늘 키를 쟀는데 작년보다 좀 컸더라. 그런데 원하는 키가 아직 아니야.
> 학생 B: 네 키는 얼만데?
> 학생 A: 작년엔 175였는데 오늘 재니까 181이더라고. 186만 되었으면 좋겠어.
> 학생 B: 아직 크는 시기니까 내년엔 더 크게 될 거야. 괜찮아.

위 두 학생의 대화는 우리가 일상생활에서 흔히 나누는 내용이다. 우리는 키나 몸무게, 옷 사이즈 등을 이야기할 때 숫자 뒤에 단위를 붙이지 않고 대화를 나눈다. 그래도 숫자의 뜻이 통하는 까닭은 대화의 주제인 키에 대해 이야기하고 있다는 것을 알고 있기 때문이다. 즉 숫자 뒤에는 키의 단위인 센티미터(cm)가 생략되어 있다는 것을 암묵적으로 알고 있다.

1) 일상에서 사용하는 단위

우리는 일상에서 국제단위계(SI단위)와 관습단위계를 혼용하여 사용하고 있는데 대표적인 단위들은 다음 표와 같다.

| 표 1-1 | 일상에서 사용하는 단위

양	명칭과 기호
길이	• 미터(m), 센티미터(cm), 밀리미터(mm) • 인치(inch) • 야드(yd) • 마일(mile)
넓이	• 제곱미터(m^2), 제곱센티미터(cm^2), 제곱밀리미터(mm^2) • 아르(a) • 에이커(ac)
부피[1] / 들이	• 세제곱미터(m^3), 세제곱센티미터(cm^3), 세제곱밀리미터(mm^3) • 리터(L 또는 ℓ), 데시리터($d\ell$), 밀리리터($m\ell$), 씨씨(cc) • 배럴(bbl), 갤런(gal), 파인트(pt)
질량[2]	킬로그램(kg), 그램(g)
무게[3]	• 킬로그램(kg), 그램(g), 톤(t) • 온스(oz) • 파운드(lb) • 근
시간	시(h), 분(m), 초(s)
각도	도(°), 분(′), 초(″)
온도	섭씨(°C), 화씨(°F), 절대온도(K)
백분율	퍼센트(%)
할푼리	할, 푼, 리

※ 1) 부피(volume) : 세제곱미터(m^3)를 사용하고, 들이는 리터(ℓ)를 사용한다.
   2) 질량(mass) : 양팔 저울을 사용하여 측정하며 중력의 영향을 받지 않는다.
   3) 무게(weight) : 스프링 저울을 사용하여 측정하며 중력의 영향을 받는다.

알아 두기

국제단위계 유도 단위

유도 단위는 기본 단위를 곱하거나 나눠서 표현한 단위이다. 아무리 복잡한 단위라도 잘 살펴보면 기본 단위의 곱셈과 나눗셈으로 구성되어 있고, 나아가 그 단위를 해석하면 나타내고자 하는 양을 정의할 수 있다.

다음의 표는 국제단위계에서 사용하는 유도 단위의 일부분을 발췌한 것이다.

양	기호	명칭
넓이	m^2	제곱미터
부피	m^3	세제곱미터
속력	m/s	미터 매 초
가속도	m/s^2	미터 매 초제곱
밀도	kg/m^3	킬로그램 매 세제곱미터
힘	$1N = 1kg \cdot m/s^2$	뉴턴(Newton)
일, 에너지	$1J = 1N \cdot m$	줄(Joule)
일률	$1W = 1J/s$	와트(Watt)
진동수	$1Hz = S^{-1}$	헤르츠(Hertz)
전하량	$1C = 1A \cdot s$	쿨롱(Coulomb)
전압, 전위차	$1V = 1J/C$	볼트(Volt)
저항	$1\Omega = 1V/A$	옴(Ohm)

2) 단위의 역할

우리가 일상생활에서 사용하는 숫자는 대부분 뒤에 단위가 붙는다. 단위는 숫자가 어떤 뜻으로 사용했는지를 나타내는 바로미터이기 때문이다. 아래 탐구활동은 단위가 단순하게 보이는 숫자에 의미를 부여하고, 나아가 숫자로 표기된 항목을 정의하고 있음을 보여준다.

탐구활동

1. 다음 질문에 숫자와 단위를 쓰시오.

① 나의 키는 (숫자) (단위)이다.

(숫자)_____ (단위)_____

② 나의 신발 사이즈는 한국 사이즈로 (숫자) (단위)이다.

(숫자)_____ (단위)_____

③ 나는 바지 사이즈 (숫자) (단위)을/를 입는다.

(숫자)_____ (단위)_____

④ 내 몸무게는 (숫자) (단위)이다.

(숫자)_____ (단위)_____

⑤ 나의 친한 친구 모임은 모두 (숫자) (단위)(으)로 구성되어 있다.

(숫자)_____ (단위)_____

⑥ 나의 현재 한 달 용돈은 (숫자) (단위)이지만 (숫자) (단위) 더 받았으면 좋겠다.

(숫자)_____ (단위)_____ (숫자)_____ (단위)_____

⑦ 내가 사용하는 휴대폰 배터리 용량은 (숫자) (단위)이다.

(숫자)_____ (단위)_____

⑧ 내 컴퓨터의 하드 디스크의 저장 용량은 (숫자) (단위)이다.

(숫자)_____ (단위)_____

2. 자신이 갖고 싶은 자동차의 광고를 보고 표의 빈칸을 채운 후 이어지는 질문에 답하시오.

자동차 브랜드와 세부 모델명 :　　　제조사명 :　　　모델명 :

치수	전장	
	전고	
	전폭	
	공차 중량	
	승차 정원	
파워트레인	연비	
	최고 속도	
	배기량	
	최고 출력	
	최고 출력 회전수	
	최대 토크	
	최대 토크 회전수	

① 자동차의 전체 길이는 얼마인가?

② 자동차의 중량은 얼마인가?

③ 자동차의 연비는 얼마인가?

④ 최고 출력은 얼마인가?

⑤ 최고 출력 회전수는 얼마인가?

연비의 단위는 km/L이다. 연비의 사전적인 뜻은 '자동차의 단위 연료당 주행하는 거리의 비율'이다. 연비의 단위(km/L)를 표현하기 위해 사용하는 단위는 단위 연료(연료 1리터, 1L)와 주행거리(km)이다. 예를 들면 연비가 14km/L인 자동차의 경우, 연료 1리터를 소비해서 주행할 수 있는 거리가 14km이다.

최고 출력의 단위는 rpm을 사용한다. 회전분(revolution per minute)은 1분당 회전수를 나타낸다. 예를 들어 고속도로를 주행하고 있을 때 회전 속도계의 바늘이 3000rpm에 있다면 엔진이 1분 동안 3000번 회전하고 있음을 나타내는 것이다.

2 단위 환산이란?

단위 환산은 하나의 단위계를 다른 단위계로 바꿔서 표현하기 위해 그 양을 바꿔주는 과정을 말한다. 예를 들면, 우리가 수출 업무를 진행할 때 생산 원가는 원화로 계산되어 있으나 수출 단가는 미국 달러화나 유로화 등으로 바꿔 견적서나 제안서에 사용하여야 한다. 이런 과정에서는 제조 원가를 비롯한 이익이 포함된 금액이 미국 달러화나 유로화 등으로 환산되는 과정이 필요하다.

직장에 다니는 A씨는 봄을 맞이해서 새 옷을 사려고 한다. 온라인 쇼핑몰에서 보니 마음에 드는 블라우스가 있었는데 수입 브랜드였다. 해외 온라인 몰에서 직구를 하면 싸다는 것을 들어서 알고 있었는데 첫 구매이니 믿을 수 있는 구매 대행을 통해 편하게 구입하려고 한다.

A씨는 주변에서 추천한 구매 대행 사이트에 회원 가입하고 견적서를 작성하던 중 난감해졌다. 구입을 희망하는 사이즈를 선택해야 하는데 해외 온라인 쇼핑몰에 나와 있는 사이즈는 처음 보는 숫자 단위들이었다. 당황해서 웹 검색을 통해 찾아보니 우리나라와 각 나라에서 사용하는 사이즈를 비교해 놓은 표를 찾을 수 있어서, 그 표를 이용하여 주문서를 작성할 수 있었다.

미국 사이즈	2	4	6	8	10	12	14	16	18
	XS	S		M		L		XL	
한국 사이즈(1)	44	55		66		77		88	
한국 사이즈(2)	85	90		95		100		105	
가슴둘레(in)	32	33~34		35~37		38~40		42	
허리둘레(in)	24	25~26		27~29		30~32		34	
엉덩이둘레(in)	34	35~36		37~39		40~42		44	

미국 사이즈	0	1	3	5	7	9	11	13
	44		55		66		77	
가슴둘레(in)	31	32	33	34	35	36	37	38
허리둘레(in)	23	24	25	26	27	28	29	30
엉덩이둘레(in)	31	35	36	37	38	39	40	41

1) 국제단위계(SI단위계)

1875년 프랑스 파리에서 17개국 대표가 모여 체결한 미터 조약에 의해 창설된 국제도량형국을 통해 공통적으로 사용하는 단위를 결정하였는데 그것이 국제단위계이다. 국제단위계는 7개의 기본 단위와 그 기본 단위에서 파생된 유도 단위로 나누어져 있으나, 여기서는 기본 단위만 설명한다.

① 기본 단위

국제도량형국에서는 여러 단위 중에서 기본적인 일곱 가지 양에 사용하는 단위를 다음과 같이 결정하였다. 다음의 표는 기본 단위를 양과 단위, 그리고 단위를 읽는 법을 나타낸 것이다.

| 표 1-2 | **기본 단위**

양	기호	명칭
길이	m	미터(meter)
질량	kg	킬로그램(kilogram)
시간	s	세컨드(second)
전류	A	암페어(Ampere)
온도	K	켈빈(Kelvin)
몰질량	mol	몰(mole)
광도	Cd	칸델라(Candela)

② 10진법 접두사의 단위 환산표

우리가 사용하는 수는 10진법이다. 10진법은 0, 1, 2, 3, …, 9의 10개의 숫자를
하나의 묶음으로 한 자리씩 올려 가는 방법이다. 9 다음에는 0이 나와야 하니까
9보다 크다는 의미로 앞에 1을 쓰고 뒤에 다시 0을 써서 10으로 표기하는 것
이다. 우리가 양손의 손가락을 이용해 수를 세는 것을 생각해 보면 된다.

앞에서 기본 단위에는 단위 앞에 그 크기를 줄이거나 늘리는 접두사를 붙이지
않았다. 접두사는 10의 배수를 의미한다.

| 표 1-3 | **10진법 접두사의 단위 환산표**

단위	단위 환산
길이	$1cm = 10mm$, $1m = 100cm$, $1km = 1000m$
넓이	$1cm^2 = 100mm^2$, $1m^2 = 10000cm^2$, $1km^2 = 1000000m^2$
부피	$1cm^3 = 1000mm^3$, $1m^3 = 1000000cm^3$, $1km^3 = 1000000000m^3$
들이	$1m\ell = 1cm^3$, $1d\ell = 100cm^3$, $1\ell = 1000cm^3 = 10d\ell$
질량 / 무게	$1kg = 1000g$, $1t = 1000kg = 1000000g$
시간	1분 = 60초, 1시간 = 60분 = 3600초
할푼리	할 = 0.1, 푼 = 0.01, 리 = 0.001

예를 들어, 길이의 기본 단위는 1m이다. m(미터) 앞에 c를 붙이면 cm(센티미터)가 되는데 이때 붙이는 c는 'cent'에서 온 첫 자이다. 'cent'는 100을 의미한다. 100센트는 1달러, 1센추리는 100년 등이 그 예이다. mm(밀리미터)는 'm(milli) + m(meter)'이고 milli는 1000을 의미한다.

알아 두기

10진수에서 사용하는 접두사

길이를 나타내는 미터(meter, m), 센티미터(centimeter, cm), 그리고 밀리미터(millimeter, mm)의 관계는 다음과 같다.

1m = 100cm = 1000mm
즉, 1mm는 1미터의 1/1000(밀리, milli)이고, 1cm는 1미터의 1/100(센티, centi)이다.

이렇게 $10^x (x = 정수)$만큼 커지거나 작아지는 관계를 간단하게 표현하는 방법이 접두사를 사용하는 방법이다.

배수	접두사	약호
10^{18}	Exa	E
10^{15}	Peta	P
10^{12}	Tera	T
10^9	Giga	G
10^6	Mega	M
10^3	Kilo	k
10^2	Hecto	h
10^1	Deka	da
10^{-1}	Dec	d
10^{-2}	Centi	c
10^{-3}	Milli	m
10^{-6}	Micro	μ
10^{-9}	Nano	n
10^{-12}	Pico	p
10^{-15}	Femto	f
10^{-18}	Atto	a

사례 ❷

초등학생 숙제

인터넷 동호회나 페이스북과 같은 매체를 보면, 가끔 초등학생 자녀들의 숙제를 물어보는 부모님들의 글이 올라와 있다. 다들 잘 알고 있겠지만 의외로 실수하기 쉬운 부분이니 한 번 풀어 보자.

※ 다음 넓이를 주어진 단위로 환산하시오. (1~4)

1 $1m^2 = ($ $)cm^2$

2 $900cm^2 = ($ $)m^2$

3 $1m^3 = ($ $)cm^3$

4 $8000cm^3 = ($ $)m^3$

풀이

1. $1m^2 = (100cm)^2 = (100)^2cm^2 = 10000cm^2$

2. $900cm^2 = (30cm)^2 = (0.3)^2m^2 = 0.09m^2$

3. $1m^3 = (100cm)^3 = (100)^3cm^3 = 1000000cm^3$

4. $8000cm^3 = (20cm)^3 = (0.2)^3m^3 = 0.008m^3$

2) 미국 · 영국 관습계

미국과 영국에서 전통적으로 사용하는 단위계는 우리에게 익숙하지 않은 양을
표현하고 있어서 우리가 아는 단위로 환산하기 위해서는 다음의 단위 환산 인
자를 알고 있어야 한다.

| 표 1-4 | 미국 · 영국 관습계 단위 환산

양	환산 인자
길이	• 1mile = 1.6093km • 1inch = 2.54cm • 1ft(피트) = 12inch = 30.48cm • 1yd(야드) = 3ft = 91.44cm
넓이	• 1a(아르) = 100m² • 1ac(에이커) = 43560ft² = 4046.86m²
부피 / 들이	• 1gal(갤런) = 3.786 ℓ (리터) • 1gal = 4qt(쿼트) = 8pt(파인트) = 128oz(온스) • 1bbl(배럴) = 158.9 ℓ (리터)
무게	• 1kg = 2.205lb(파운드) • 1oz(온스) = 0.02835kg
온도	• 1°C = 274.15K • 1°F = 255.93K • 1°C = 33.8°F

3) 우리나라 관습계

우리나라의 관습계는 중국 문화에서 온 단위와 우리나라 고유의 단위가 혼용되어
있다.

| 표 1-5 | 우리나라 관습계 단위 환산

양	환산 인자	
길이	• 1자(尺) = 0.3030m	• 1리(里) = 392.7272m
넓이	1평 = 3.3057m²	
부피 / 들이	• 1말 = 18.039 ℓ (리터)	• 1되 = 0.1말 = 10홉
무게	• 1돈 = 0.00375kg • 1근 = 0.6kg	• 1냥 = 10돈 • 1관 = 3.75kg

탐구활동

※ 자신의 신체 사이즈를 적고 그 단위를 환산해 보시오. (1~10)

1. 키는 몇 cm인가?

2. 오른손 두 번째 손가락의 가운데 마디의 길이는 몇 cm인가?

3. 양 팔을 벌렸을 때 양손 끝 사이의 거리는 몇 cm인가?

4. 몸무게는 몇 kg인가?

5. 허리는 몇 cm인가?

6. 문제 1은 몇 ft인가?

7. 문제 2는 몇 inch인가?

8. 문제 3은 몇 자인가?

9. 문제 4는 몇 lb(파운드)인가?

10. 문제 5는 몇 inch인가?

알아 두기

단위의 어원

미터(meter)의 어원

미터는 1791년 프랑스 국민의회에 의해 프랑스 과학 아카데미가 지구 자오선의 4분의 1의 1000만분의 1을 길이에 대한 표준으로 지정하자는 결정을 했고, 1793년 미터의 정의를 프랑스의 수도인 파리를 지나는 자오선의 4분의 1의 1000만분의 1로 지정하여 구체화하였다.

이를 위해 천문학자 장 바티스트 조제프 들랑브르(Jean-Bapiste-Joseph Delambre, 1749~1822)와 피에르 프랑수아 앙드레 메솅(Pierre-Francois-Andre Mechain, 1744~1804)은 자오선의 길이를 측량하기 위하여 북극과 남극으로 각각 떠나 실측을 하였고, 그 결과 1미터가 39.37008인치임을 밝혀냈다. 하지만 위험을 무릅쓰고 원정하면서 측정해 얻은 결과가 메솅의 사후에 오류가 있었음이 밝혀졌다.

1799년 백금을 사용한 표준미터 원기인 Metre des Archives가 프랑스의 모든 측정에서 합법적인 표준임을 선포하였고, 1875년 파리에서 국제도량형국을 설립하기 위한 국제회의가 소집되어 미터와 킬로그램을 국제적인 표준 단위로 사용하게 되었다.

미터(meter)라는 단어의 뜻은 '재다'라는 그리스어 메트론(μετρον)으로부터 유래되었는데, '단위'를 뜻하는 프랑스어 mètre가 그 기원이다.

분(minute)과 초(second)의 어원

1초(second)가 60개가 모여 60초가 되면 1분(minute)이 되고, 1분이 60개가 모여 60분이 되면 1시간(hour)이 된다. 이렇게 작은 단위 60개가 모여 보다 큰 단위로 표기하는 방법은 고대 바빌로니아 사람들이 사용한 육십진법의 수 체계이다. 1시간을 60분으로 나누는 것이나 원을 360도로 나누는 것 등이 오늘 날 바빌로니아 수 체계인 육십진법의 예이다. 그러나 바빌로니아인들은 하루를 12시간으로 나누어 사용하였다(1항성일은 12시간). 바빌로니아의 1시간은 시간과 시간 사이의 범위가 너무 커서 1시간을 30등분으로 세분하였다. 이는 바빌로니아의 천문학에서 태양이 지구 주위를 한 바퀴 공전(360°)하는 움직임과 하루를 나타내는 12시간 사이의 관계를 연계하였다(12 × 30 = 360). 이것이 원 한 바퀴를 360°로 나누게 된 기원이다.

시간 단위를 60등분해서 사용한 것은 바빌로니아가 아닌 고대 그리스로 추정된다. 그리스의 천문학자들은 1항성일을 24등분하여 24시간으로 만들고, 1시간을 60등분하여 60분으로, 1분을 60등분하여 60초로 하였고, 이를 받아들인 로마인들은 시·분·초를 다음과 같이 불렀다. 시간: hora, 분 : prima pars minuta[첫 번째(prima)로 나누어진(minuta) 조각(pars)], 초 : secunda pars minuta[두 번째(secunda)로 나누어진(minuta) 조각(pars)]. prima pars minuta는 minuta로 줄여서 불렀고, secunda pars minuta는 secunda로 줄여서 불렀다. 그 결과 현대 영어의 분(minute)과 초(second)라는 단어는 각각 minuta, secunda에서 오게 되었다.

사례 ❸

국내외 금값 비교

세계 금융 시장은 금을 중심으로 운영된다. 이를 금본위제도라 하며, 화폐의 가치만큼 금을 실물로 보유하고 있다는 뜻이기도 하다. 그래서 금시장은 경제에 민감하다.

다음 국제 금 시세를 나타낸 표를 보자.

(단위 : 달러/트로이온스)

날짜	종가	전일 대비	등락률
2016. 11. 23.	1,189.10	▼ 21.90	−1.81%
2016. 11. 22.	1,211.00	▲ 1.40	+0.12%
2016. 11. 21.	1,209.60	▲ 1.10	+0.09%
2016. 11. 20.	1,208.50	▼ 8.00	−0.66%
2016. 11. 19.	1,216.50	▼ 6.90	−0.56%

국제 금 시세는 달러로 거래되며, 무게는 1트로이온스(troy ounce)이다. 1트로이온스는 31.1034768g이다.

다음은 국내 금 시세를 나타낸 표이다.

(단위 : 원/g)

날짜	종가
2016. 11. 23.	45,009.14
2016. 11. 22.	45,795.27
2016. 11. 21.	46,074.84

우리는 아직도 금의 양을 말할 때 '돈'이라는 단위에 익숙해져 있다. 1돈은 3.75g이다. 국내에서 금을 한 돈 사려면 다음과 같이 계산해야 한다.
$3.75(g) \times 45,009.14(원/g) = 168,784.275(원)$
국제 시장에서 금 한 돈을 사려면 어떻게 계산해야 할까?

$$1,189.10 : x = 31.1034768 : 3.75$$
$$x = \frac{1,189.10 \times 3.75}{31.1034768} = \frac{4,459.125}{31.1034768} \approx 143.36$$

그러므로 금 1돈을 구입하는 데 143.36달러가 필요하다. 동일한 일자의 환율을 적용하면 169,451.52원(수수료, 제세공과금 제외)이다.

이와 같이 국제적으로 통용되는 단위와 우리나라에서 통용되는 단위가 다를 경우에는 복잡하지만 환산을 반복해야 한다. 예를 들어 주유소에서 판매하는 가솔린의 경우, 우리나라는 리터(litter) 단위로 판매를 하지만 미국은 갤런(gal) 단위로 판매를 한다. 생수의 경우 우리나라는 밀리리터(ml) 단위로 판매를 하지만 미국은 쿼터(qt) 단위로 판매를 한다. 무엇이든 기준이 명확해야 비교를 할 수 있다.

사례연구

수리능력과 수학적 사고 방법

1절에서 우리는 수리능력이 중요한 이유를 학습하였다. 그 내용을 요약해 보면 다음과 같다.
(1) 수학적 사고를 통한 문제 해결
(2) 직업 세계의 변화에의 적응
(3) 실용적 지식의 습득

위 세 가지 이유를 설명하는 내용 중 반복되는 것이 있다. 주어진 문제를 해결하기 위해서 탄탄한 지식과 반복적인 경험, 그리고 수학적 논리와 사고력을 기반으로, 문제의 개념을 정확하게 파악하여, 새로운 아이디어와 개념을 도출해 문제를 해결해야 한다는 것이다. 정규 교육 과정을 통해 습득된 지식을 충분한 시간 동안 수학적 논리와 사고력을 통해 지혜라는 한 단계 높은 개념으로 승화할 수 있기 때문에 수리능력이 중요하다는 것이다.

수학적 사고 방법은 교육 분야의 추세이기도 하다. 많은 부모들과 선생님들은 자녀와 학생에게 수학적 사고 방법을 습득시키기 위해 많은 노력과 시도를 하고 있으나, 쉽지 않다. 그 이유는 오로지 빨리 문제를 풀고 정답을 찾아내는 훈련으로 '수학'을 학습해 왔기 때문이다.

하지만 수학적 사고 방법은 과정을 중요하게 생각한다.
(1) 착실하게 습득된 지식
(2) 문제의 정확한 파악: 문제 조건 이해, 문제의 규칙성 찾기, 규칙성 적용 등
(3) 문제를 해결하기 위한 논리적이고 과학적인 생각: 생각할 시간 필요
(4) 찾아낸 해결 방법 적용
(5) 오류를 줄이기 위한 검토
(6) 반복되는 시행착오

위의 과정을 반복하면서 수정·보완하는 과정을 거치게 되는데, 과학적인 근거와 수학적 논리력 및 사고력은 우리의 사고력 깊이와 폭을 넓혀 주어 새로운 아이디어와 새로운 이론을 만들어 내는 기반이 된다. 수학적 사고 방법에서는 빠르게 정답을 찾는 것보다는 정답을 찾아가는 과정이 중요하다고 강조하고 있다.

현대 과학 기술의 발전은 하루가 다르게 빠르게 발전하고 있다. 빠른 발전에 뒤쳐지지 않고 그 기류에 동승하기 위해서는 나날이 새로워지는 지식을 습득해야 하는데 주입식 교육 방법이나 암기식 교육 방법만으로는 그 기류를 따라가기 힘들다. 예를 들면, 새로운 기능이 추가된 스마트폰을 구입했을 때, 가장 쉽게 사용하는 방법은 먼저 사용한 사용자가 스마트폰의 기능을 알려주는 것이지만, 숨겨진 기능이나 주의 사항 등을 알기 위해서는 제품에 포함된 사용자 설명서를 읽어야 한다.

"수학을 모르는 자는 세계를 인식하지 못하고, 자신의 무지함을 인식조차 못한다."

— 프랜시스 베이컨

교육적 시사점

- 수리능력은 기초부터 착실하게 습득한 지식을 반복적인 경험을 통해 지혜로 발전시키는 능력으로 새로운 것에 대한 적응, 문제 해결에 필요하다.
- 수학적 사고 방법은 문제를 해결하는 과정에서의 정확한 문제 파악, 문제를 해결하기 위한 논리적인 생각, 시행착오, 검토를 중요하게 생각한다.
- 수리능력과 수학적 사고 방법은 탄탄한 지식을 기반으로 논리력과 사고력을 발휘하여 새로운 문제 해결의 방법을 찾는 과정이다.

학습평가

정답 및 해설 p.236

※ 다음을 주어진 단위로 변환하시오. (1~10)

1   2600dl = (   )l

2   7km = (   )cm

3   12t = (   )g

4   2시간 5분 2초 = (   )초

5   65yd = (   )m

6   36.5°C = (   )°F

7   3냥 = (   )g

8   32inch = (   )cm

9   10km = (   )리

10   2할 5푼 = (   )%

Tip

단위의 정의는 바뀌어도 나타내는 양은 바뀌지 않는다.

우리가 사용하는 단위가 나타내는 양은 항상 같아야 한다. 측정하는 환경이나 시기에 따라
그 양이 변한다면 표준으로 지정하여 사용하는 이유도 없고 경제적·과학적으로 모든 방면에서
많은 혼란이 나타난다. 따라서 시기에 따라 단위가 가지는 양을 정의하는 방법이 변하고 있다.

1. 길이를 나타내는 미터(meter, m)

　　1m의 표준원기는 초기에는 금속 물질로 제작했으나, 금속의 특성상 온도와 습기 등이 환
　　경에 따라 미세하게 변화하였고, 그 결과 미터를 정의하는 방법도 시간의 흐름에 따라
　　바뀌게 되었다.

미터 정의의 변천사

연도	정의	오차
1793년	파리를 지나는 지구 자오선 길이의 4000만분의 1	0.1~0.5mm
1799년	첫 번째 백금 표준원기 Metre des Archives의 길이	0.01~0.05mm
1889년	백금 – 이리듐 표준원기의 길이	0.1~0.2μm
1893년	진공에서 Kr-86원자의 2p10과 5d5 준위 사이의 전이에 해당하는 오렌지색 복사 파장의 1650763.73배	0.005~0.01μm
1983년	진공 속에서 1/299,792,458초 동안 빛이 진행한 거리	0.1nm

　　이와 같이 미터의 정의를 바꾸게 된 이유는 바로 정확성을 기하기 위해서이다.

2. 질량을 나타내는 킬로그램(kilogram, kg)

　　1901년 이전에는 1kg은 "1기압, 영상 섭씨 4°C의 물 1리터(liter)가 가지는 질량의 크기"라고
　　정의되었다.

　　1901년 제1차 국제도량형총회에서는 "킬로그램(kg)은 질량의 단위이다. 킬로그램은 국제
　　킬로그램원기의 질량과 같다."라고 재정의되었다. 국제킬로그램원기는 1889년 백금(90%)과
　　이리듐(10%)을 섞어 만든 지름과 높이가 각각 39mm인 원기둥이다.

　　2011년 제24회 국제도량형총회에서 기존의 원기를 폐지하기로 결정하였다. 그 이유는 안정한
　　물질이라고 생각된 백금과 이리듐의 합금이 세월의 흐름에 따라 1억분의 6의 질량이 줄었기
　　때문이다. 새로운 질량 기준을 정하기까지 몇 년 이상의 시간이 걸릴 것으로 예상되고 있다.

학/습/정/리

1. 기초직업능력으로서 수리능력은 직장 생활에서 요구되는 사칙연산과 기초적인 통계와 도표를
　 이해하여 정보를 습득하고, 도표를 이용해서 효과적으로 결과를 제시하는 능력을 의미한다.
　 수리능력은 ① 기초연산능력, ② 기초통계능력, ③ 도표분석능력, ④ 도표작성능력으로 구
　 성되어 있다.
2. 직업인들에게 수리능력은 ① 수학적 사고를 통한 문제 해결, ② 직업 세계의 변화에의 적응,
　 ③ 실용적 가치의 구현이라는 측면에서 중요하다.
3. 단위는 길이, 넓이, 부피, 들이, 무게, 질량, 시간, 할푼리가 있으며, 국제단위계와 관습단위
　 계로 구분할 수 있다. 또한 10진법의 접두사를 사용하여 간단하게 표현할 수 있다.

NCS
직업기초능력평가

수리
능력

Chapter

02

기초연산능력

제❷장
기초연산능력

제1절 사칙연산
제2절 사칙연산 응용
제3절 검산

▶ 학습 목표

구분	학습 목표
일반 목표	직장 생활에서 필요한 기초적인 사칙연산과 계산 방법을 이해하고 활용하는 능력을 기를 수 있다.
세부 목표	1. 업무 수행에 있어 효과적으로 연산을 수행하는 방법을 설명할 수 있다. 2. 업무 수행에 있어 연산 결과를 효과적으로 확인하는 방법을 설명할 수 있다.

▶ 주요 용어 정리

사칙연산(四則演算, four fundamental rules of arithmetics)
수에 관한 덧셈, 뺄셈, 곱셈, 나눗셈의 계산법을 사칙연산이라 한다.

교환 법칙(交換法則, commutative law)
덧셈이나 곱셈에서 그 수의 자리를 바꿔도 그 결과가 변함이 없어 교환 관계가 성립하는 법칙이다.

결합 법칙(結合法則, associative law)
세 수를 더하거나 곱할 때, 앞의 두 수 또는 뒤의 두 수를 먼저 더하거나 곱하고 그 결과에 나머지 한 수를 더하거나 곱해도 결과는 같다는 법칙이다.

분배 법칙(分配法則, distributive law)
두 수의 합에 다른 한 수를 곱한 것이 그것을 각각 곱한 것의 합과 같다는 법칙이다. 예를 들면, $a \times (b+c) = (a \times b) + (a \times c)$의 분배 법칙을 만족한다. 배분율 또는 배분 법칙이라고 한다.

이항(移項, transposition)
수학에서 등식, 부등식의 한 변에 있는 항을 그 부호를 바꿔서 다른 변으로 옮기는 것을 말한다.

검산(檢算, check)
계산의 결과가 맞는지 다시 조사하는 것을 말한다.

역연산 방법(逆演算 方法, an inverse operation)
계산한 결과를, 계산하기 전의 수 또는 식으로 되돌아가게 하는 계산으로 역산이라고도 한다.

구거법(九去法, check of nine)
원래 주어진 수의 각 자릿수의 합을 9로 나눈 나머지와 답으로 계산된 수의 각 자릿수의 합을 9로 나눈 나머지가 같다는 원리를 이용하여 검산하는 방법이다.

제1절 사칙연산

1 수의 체계

수는 인류의 역사와 함께 발달해 왔다. 자연수는 물건을 세기 위해서 만들어진 가장 오래된 수이고 정수는 자연수의 뺄셈 시 음수의 개념이 필요하게 되어서 만들어졌다. 유리수는 또 정수의 나눗셈 시 분수와 소수의 개념이 필요해지면서 만들어졌다. 이렇게 필요에 따라 현재 우리가 사용하는 수의 체계가 완성되었다.

1) 자연수

우리가 수를 처음 배울 때 다루는 것이 자연수이다. 자연수는 1, 2, 3, 4, 5, … 등이 그 예이다. 두 자연수를 더하거나 빼거나 곱해도 그 결과는 자연수로 나타난다. 나눗셈은 분수가 나올 수 있고 분모의 크기가 분자의 크기보다 크면 계산 결과로 나온 수는 자연수가 아닐 수 있다.

자연수는 덧셈에 대한 항등원이 없고, 곱셈에 대해서는 1이 항등원이다. 덧셈에 대한 항등원은 임의의 자연수 a에 대해 $a + x = a$, $x = a - a$, $x = 0$이어서 0이 덧셈에 대한 항등원이지만 0은 자연수에 속하지 않고 정수에 속하는 숫자이므로 자연수는 덧셈에 대한 항등원이 없다고 한다. 곱셈에 대한 항등원은 $a \times x = a$, $x = a \div a$, $x = 1$이므로 1은 자연수에 속한 수로 곱셈에 대한 항등원은 1이다.

2) 정수

정수는 자연수와 음의 정수, 그리고 0(zero)으로 이루어져 있다. 정수는 자연수와 같이 덧셈과 곱셈에 대해 교환 법칙과 결합 법칙 그리고 분배 법칙이 성립한다.

- 자연수 또는 양의 정수(양수) : 자연수 앞에 양의 부호(+)를 붙인 수
- 음의 정수(음수) : 자연수 앞에 음의 부호(−)를 붙인 수. 0보다 작은 수들을 말한다.
- 0 : 양수도 음수도 아닌 정수이다.

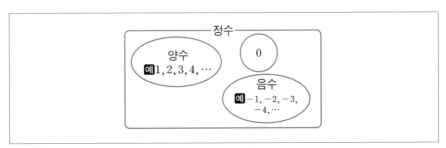

| 그림 2-1 | **정수**

정수는 임의의 정수 m에 대해 $m + 0 = 0 + m = m$이 성립하고 0은 정수이므로 덧셈에 대한 항등원은 0이다. 또한 임의의 정수 m에 대해 $m \times 1 = 1 \times m = m$이 성립하므로 1은 정수의 곱셈에 대한 항등원이다.

3) 유리수

유리수는 정수와 분수가 포함되어 있다. 유리수는 분수 $\dfrac{a}{b}(b \neq 0)$에서 분자와 분모가 모두 정수로 나타낼 수 있는 수이다. 분자인 a가 분모인 b로 나머지가 없이 나누어지면 정수이고, 나머지가 남으면 분수이다.

예를 들면, $\dfrac{10}{5} = 2$는 정수이고, $\dfrac{10}{3} = 3\dfrac{1}{3}$은 분수이다.

유리수는 덧셈과 곱셈에 대해 교환 법칙, 결합 법칙, 분배 법칙이 성립하고, 0을 제외한 수에서 곱셈에 대한 역원이 있다. 0이 아닌 정수 n의 곱셈에 대한 역원은 $nx = 1$, $x = \dfrac{1}{n}(n \neq 0)$, $\dfrac{1}{n}$ =분수를 만족하는 수이다.

예를 들면, 10에 대한 역원은 $10x = 1$, $x = \dfrac{1}{10}$이다.

4) 무리수

유리수가 아닌 수를 무리수라 한다. 무리수는 소수로 나타내면 순환하지 않는
무한소수가 된다. 예를 들면 $\sqrt{2} = 1.4142135\cdots$, $\sqrt{3} = 1.7320508\cdots$,
$\pi = 3.141592\cdots$가 대표적이다. 그래서 무리수는 분수로 나타낼 수 없다.

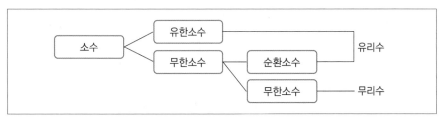

| 그림 2-2 | 소수

5) 실수

실수는 유리수와 무리수로 구성되어 있다. 실수는 덧셈과 곱셈에 대해 교환 법칙,
결합 법칙, 분배 법칙이 성립한다. 실수를 구성하는 유리수는 무리수보다 훨씬
그 숫자가 적다.

다음은 실수를 구성하는 수의 종류를 나타낸 것이다. 직업인이 다루는 수는 실수
안에 포함되어 있다.

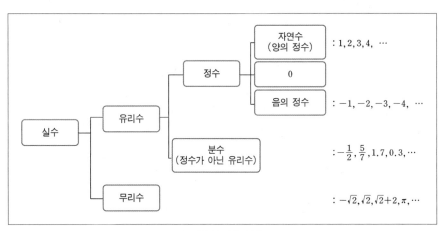

| 그림 2-3 | 실수

사례 ❶

수학은 무엇일까?

1. 수학(mathematics)의 어원

수학을 뜻하는 영어 mathematics는 라틴어 mathmaticus(수리적인)와 그리스의 mathematikos 또는 그리스어의 mathema(학식 있는, 배우는 모든 것)와 manthanein (배우다)에서 유래되었다고 한다.

2. 수학은 수를 계산하는 것일까?

수학의 어원인 '수리적인'은 수리능력을 학습하는 목적을 함축적으로 나타내주고 있다. 이와 관련한 일화를 한 편 소개하고자 한다.

1777년 독일에서 태어난 가우스는 수학 역사상 3대 수학자로 꼽히는데 그는 어려서부터 뛰어난 수학 실력을 가지고 있었다고 한다. 가우스가 어렸을 때, 가우스의 지도 교사였던 뷔트너 선생님이 "1부터 100까지 자연수를 더하면 얼마인가?"라는 질문에 가우스는 곧바로 5050이라는 답을 했다고 한다. 그의 계산법은 아주 뛰어났다.

① 1부터 100까지 차례대로 수를 쓴다.
$$1 + 2 + 3 + 4 + 5 + \cdots + 98 + 99 + 100$$

② 아래에 100부터 1까지 차례대로 수를 쓴다.
$$1 + 2 + 3 + 4 + 5 + \cdots + 98 + 99 + 100$$
$$100 + 99 + 98 + 97 + 96 + \cdots + 3 + 2 + 1$$

③ 위와 아래의 수를 더하면 101이 100번 만들어진다.
$$1 + 2 + 3 + 4 + 5 + \cdots + 98 + 99 + 100$$
$$+ \quad 100 + 99 + 98 + 97 + 96 + \cdots + 3 + 2 + 1$$
$$\overline{}$$
$$101 + 101 + 101 + 101 + \cdots + 101 + 101 + 101$$

④ 1에서 100까지 두 번 더한 것이므로 2로 나눠 주면 1부터 100까지 한 번만 더한 값을 계산할 수 있다.
$$(101 \times 100) \times \frac{1}{2} = 5050$$

가우스가 사용한 방법이 단지 숫자를 계산하는 과정이었을까? 가우스는 주어진 문제의 규칙을 과학적이고 논리적인 접근 방법과 사고 방법으로 문제를 해결하였다.

2 사칙연산

수를 다루는 수학을 대수학이라 한다. 앞으로 학습할 사칙연산과 검산은 대수학 부분에서 기초적인 내용이며, 직업인으로 업무 수행 과정에서 다루는 수학은 특별한 직종이나 업무를 제외하고는 기본적인 사칙연산 범주 내에 있다.

우리는 초등학교 입학에서부터 고등학교 과정, 나아가 일부는 대학에 이르기까지 수학을 학습하게 된다. 여기서는 사칙연산인 덧셈, 뺄셈, 곱셈, 나눗셈과 수체계의 특징이 어떻게 적용되는지 알아보자.

1) 덧셈

덧셈은 두 개 이상 수의 합(合)을 구하는 계산이다.

$a + b = x \qquad x : 합$

① 더하는 숫자가 자연수일 때

> 한 반에 남학생이 16명(자연수)이 있고 여학생이 12명(자연수)이 있으면 그 반 학생의 총 인원은 아래 수식으로 구할 수 있으며, 이때 이용하는 사칙연산은 덧셈이다.
>
> 전체 학생 수 = 남학생 수 + 여학생 수
> $x = 16 + 12$
> $x = 28(명)$
>
> 따라서 전체 학생 수는 28명(자연수)이다.

② 더하는 수가 정수일 때

정수는 양의 정수(자연수), 0, 음의 정수를 포함한 수이다. 정수의 경우에는 두 정수를 $(a-b)$, $(c-d)$로 표현할 때 (a, b, c, d는 자연수) 두 정수의 합은

$$(a-b)+(c-d)=(a+c)-(b+d)$$

$a=1$, $b=2$, $c=4$, $d=3$일 때

방법 1)
$$(a+b)-(c+d)=(1+2)-(4+3)=(3)-(7)=-4$$

방법 2)
$$(a+b)-(c+d)=(a-c)+(b-d)=(1-4)+(2-3)=(-3)+(-1)=-4$$

방법 1)과 방법 2)로 구한 결과가 음의 정수 -4로 같다.

③ 더하는 수가 유리수일 때

유리수는 분수로 표현할 수 있는 수이므로 다음과 같이 덧셈을 정의한다.

두 유리수 $\dfrac{a}{b}$, $\dfrac{c}{d}$(a, b, c, d는 정수이고 $b \neq 0$, $d \neq 0$)일 때

$$\frac{a}{b}+\frac{c}{d}=\frac{ad+bc}{bd}$$

두 유리수 $\dfrac{3}{5}$과 $\dfrac{2}{7}$를 더하면

$$\frac{3}{5}+\frac{2}{7}=\frac{(3\times7)+(2\times5)}{5\times7}=\frac{(21)+(10)}{35}=\frac{31}{35}$$

2) 뺄셈

뺄셈은 두 개 이상의 수의 차(差)를 구하는 것이다.

$$a-b=y \qquad y:\text{차}$$

① 뺄셈은 덧셈의 역산 관계이다.

$a - b = y$

$a = y + b$ ($-b$를 이항)

이 관계를 이용하여 검산하는 방법을 역연산 방법이라고 한다.

② 뺄셈은 자연수의 범위에서 제한점이 있다.

두 자연수 a, b에서 차를 구하면 $a - b = y$이다. 단, 이때 a, b는 자연수이고 $a > b$라는 조건에 합당해야 한다. 특히 $a > b$가 성립하지 않으면 결과는 $y < 0$(y는 음의 정수 $\notin$ 자연수)이 되어 자연수 범위에서 벗어나게 된다.

> $a = 7$, $b = 13$일 때 뺄셈을 하면,
> $a - b = y$
> $7 - 13 = -6$
> 이고 -6은 자연수가 아닌 정수의 범위에 드는 수이다.

③ 두 수의 뺄셈은 빼는 숫자 앞의 부호를 바꾼 후 덧셈으로 계산한다.

(음수)−(양수)=(음수)+(음수)   **예** $-5 - 6 = -5 + (-6)$

(음수)−(음수)=(음수)+(양수)   **예** $-5 - (-6) = -5 + 6$

3) 곱셈

동일한 수를 반복하여 더하는 것과 같은 계산 결과를 얻을 수 있는 연산 방법으로 모든 종류의 수에 적용이 가능하다.

$a \times b = a_1 + a_2 + a_3 + \cdots + a_b$

① 곱셈은 곱하는 두 수의 부호가 같을 때 두 수의 절댓값을 곱한 값에 양의 부호를 붙이고 곱하는 두 수의 부호가 다를 때 두 수의 절댓값을 곱한 값에 음의 부호를 붙인다.

(양수)×(양수)=(양수)   **예** $(+5) \times (+6) = (+30)$

(양수)×(음수)=(음수)   **예** $(+5) \times (-6) = (-30)$

③ 세 수 이상의 곱은 음수를 나타내는 부호의 개수에 따라 부호가 결정된다. 홀수일 때는 음의 부호를, 짝수일 때는 양의 부호를 붙인다.

$$(-3) \times (2) \times (10) \times (-9) \times (-2)$$
$$= (-) \times (+) \times (+) \times (-) \times (-) \times (3 \times 2 \times 10 \times 9 \times 2)$$
$$= (-) \times 1080$$
$$= -1080$$

$$(-3) \times (-2) \times (10) \times (-9) \times (-2)$$
$$= (-) \times (-) \times (+) \times (-) \times (-) \times (3 \times 2 \times 10 \times 9 \times 2)$$
$$= (+) \times 1080$$
$$= +1080$$

4) 나눗셈

나눗셈은 곱셈의 역산으로 임의의 어떤 수를 0이 아닌 다른 수로 나누는 연산을 말한다.

① 나눗셈은 두 수의 부호가 같을 때, 두 수 중 앞 수의 절댓값을 뒤 수의 절댓값으로 나눈 값(몫)에 양의 부호를 붙인다.

(양수) ÷ (양수) = (양수)　예　$(+30) \div (+5) = (+6)$

(음수) ÷ (음수) = (양수)　예　$(-30) \div (-5) = (+6)$

② 나눗셈은 두 수의 부호가 다를 때, 두 수 중 앞 수의 절댓값을 뒤 수의 절댓값으로 나눈 값(몫)에 음의 부호를 붙인다.

(양수) ÷ (음수) = (음수)　예　$(+30) \div (-5) = (-6)$

(음수) ÷ (양수) = (음수)　예　$(-30) \div (+5) = (-6)$

③ 나눗셈은 나누는 숫자를 역수로 바꾼 후 곱셈으로 계산한다.

$$33 \div 3 = 33 \times \frac{1}{3} = \frac{33}{3} = 11$$

3) 연산 순서

사칙연산의 계산은 크게 두 가지 경우로 나누어 설명할 수 있다. 첫째는 동일한 연산 기호가 반복하여 사용된 경우이고, 둘째는 서로 다른 연산 기호들이 복합적으로 사용된 경우이다.

① 왼쪽에서 오른쪽으로

덧셈과 뺄셈 또는 곱셈과 나눗셈으로 이루어진 계산식은 나열된 순서로 계산을 한다.

$$1+2+3+4+5=3+3+4+5=6+4+5=10+5=15$$
$$1-2+3+4-5=-1+3+4-5=2+4-5=6-5=1$$
$$1\times2\times3\times4\times5=2\times3\times4\times5=6\times4\times5=24\times5=120$$
$$1\times2\div3\times4\div5=2\div3\times4\div5=\frac{2}{3}\times4\div5=\frac{8}{3}\div5=\frac{8}{3}\times\frac{1}{5}=\frac{8}{15}$$

② 복합 연산

㉠ 곱셈과 나눗셈부터

사칙연산인 덧셈, 뺄셈, 곱셈, 나눗셈이 복합적으로 함께 쓰인 연산을 할 때는 수식이 나열된 순서와 관계없이 다음 순서에 따라 계산한다.
- 곱셈과 나눗셈을 먼저 계산한다.
- 덧셈과 뺄셈을 나중에 계산한다.

$$16\div2-1+4\times5=(16\div2)-1+(4\times5)=8-1+20=27$$

주어진 수식에 괄호는 없지만 푸는 과정에서 먼저 계산을 해야 하는 곱셈과 나눗셈의 기호가 있는 연산을 괄호로 묶어 실수를 방지한다. 괄호 안의 곱셈과 나눗셈을 연산한 후, 덧셈과 뺄셈을 계산한다.

ⓛ 괄호 안의 연산부터

괄호의 종류로는 소괄호( ), 중괄호{ }, 대괄호[ ]가 있다. 수학에서는 괄호가 반복될 때 이 세 가지 괄호를 사용한다. 즉, 대괄호 안에 중괄호, 중괄호 안에 소괄호를 사용하며, 계산은 소괄호, 중괄호, 대괄호 순으로 계산한다.

$$1 - \left[2 \times \left\{ \frac{1}{4} + \left(4 + \frac{1}{2} \right) \right\} \times \{ (5-3) \div 8 \} \div 3 \right] + 1$$

$$= 1 - \left[2 \times \left\{ \frac{1}{4} + \left(\frac{9}{2} \right) \right\} \times \{ (2) \div 8 \} \div 3 \right] + 1$$

$$= 1 - \left[2 \times \left\{ \frac{19}{4} \right\} \times \left\{ \frac{2}{8} \right\} \div 3 \right] + 1$$

$$= 1 - \left[2 \times \frac{19}{4} \times \frac{2}{8} \times \frac{1}{3} \right] + 1$$

$$= 1 - \left[\frac{19}{24} \right] + 1$$

$$= \frac{29}{24}$$

4) 사칙연산 법칙

우리가 수를 처음 배울 때 다루는 것이 자연수이다. 자연수는 1, 2, 3, 4, 5, … 등을 말한다. 두 자연수는 더하거나 빼거나 곱해도 그 결과는 자연수로 나타난다. 나눗셈은 분수가 나올 수도 있고, 분모의 크기가 분자의 크기보다 크면 계산 결과로 나온 수는 자연수가 아닐 수 있다.

① 교환 법칙

수나 식의 계산에서 계산 순서를 바꾸어 계산하는 법칙을 교환 법칙이라고 한다. 교환 법칙은 자연수, 유리수, 무리수, 실수, 복소수의 덧셈과 곱셈에서 성립한다.

a, b가 자연수, 유리수, 무리수, 실수, 복소수일 때

• 덧셈에서 교환 법칙: $a + b = b + a$
• 곱셈에서 교환 법칙: $a \times b = b \times a$

$a = -3$, $b = \dfrac{2}{7}$일 때 덧셈을 하면

$$-3 + \frac{2}{7} = -\frac{21}{7} + \frac{2}{7} = \frac{-21 + 2}{7} = -\frac{19}{7} = -2\frac{5}{7}$$

$a = -3$, $b = \dfrac{2}{7}$일 때 곱셈을 하면

$$-3 \times \frac{2}{7} = -\frac{6}{7}$$

---

② 결합 법칙

수나 식의 계산에서 앞의 수 또는 뒤의 수를 먼저 계산해도 그 결과가 같다는 법칙이다. 결합 법칙은 정수, 유리수, 실수, 복소수의 덧셈과 곱셈에서 성립한다.

a, b, c가 정수, 유리수, 실수, 복소수일 때

• 덧셈에서 결합 법칙: $(a + b) + c = a + (b + c)$
• 곱셈에서 결합 법칙: $(a \times b) \times c = a \times (b \times c)$

$a = -3$, $b = \dfrac{2}{7}$, $c = 2$일 때 덧셈을 하면

$$
\begin{aligned}
(a + b) + c &= \left((-3) + \frac{2}{7}\right) + 2 \\
&= \left(\left(-\frac{21}{7}\right) + \frac{2}{7}\right) + 2 \\
&= \left(\frac{-21 + 2}{7}\right) + \frac{14}{7} \\
&= -\frac{5}{7}
\end{aligned}
$$

$$a+(b+c)=(-3)+\left(\frac{2}{7}+2\right)$$
$$=\left(-\frac{21}{7}\right)+\left(\frac{2}{7}+2\right)$$
$$=\frac{-21+2}{7}+\frac{14}{7}$$
$$=-\frac{5}{7}$$

덧셈에서 결합 법칙 $(a+b)+c=a+(b+c)$이 성립한다.

$a=-3$, $b=\frac{2}{7}$, $c=2$일 때 곱셈을 하면

$$(a\times b)\times c=\left(-3\times\frac{2}{7}\right)\times 2=-\frac{6}{7}\times 2=-\frac{12}{7}$$
$$a\times(b\times c)=(-3)\times\left(\frac{2}{7}\times 2\right)=(-3)\times\frac{4}{7}=-\frac{12}{7}$$

곱셈에서 결합 법칙 $(a\times b)\times c=a\times(b\times c)$이 성립한다.

③ 분배(배분) 법칙

수나 식의 계산에서 어떤 두 수의 합에 다른 한 수를 곱한 것이 그것을 각각 곱한 것의 합과 같다는 법칙이다.

임의의 자연수 a, b, c에 대해

• $a\times(b+c)=(a\times b)+(a\times c)$
• $(a+b)\times c=(a\times c)+(b\times c)$

$a=-3$, $b=\frac{2}{7}$, $c=2$일 때,

$$a\times(b+c)=(-3)\times\left(\frac{2}{7}+2\right)$$
$$=(-3)\times\left(\frac{2+14}{7}\right)$$
$$=-\frac{48}{7}$$

$$a \times (b+c) = (a \times b) + (a \times c)$$
$$= \left((-3) \times \frac{2}{7}\right) + ((-3) \times 2)$$
$$= \left(-\frac{6}{7}\right) + (-6)$$
$$= -\frac{48}{7}$$

곱셈에서 분배 법칙 $a \times (b+c) = (a \times b) + (a \times c)$가 성립한다.

만일 $a \times (b-c) = (a \times b) - (a \times c)$처럼 덧셈이 아닌 뺄셈에서도 성립할까?

$$a \times (b-c) = (-3) \times \left(\frac{2}{7} - 2\right)$$
$$= (-3) \times \left(\frac{2-14}{7}\right)$$
$$= \frac{36}{7}$$
$$a \times (b-c) = (a \times b) - (a \times c)$$
$$= \left((-3) \times \frac{2}{7}\right) - ((-3) \times 2)$$
$$= \left(-\frac{6}{7}\right) - (-6)$$
$$= \frac{36}{7}$$

뺄셈과 곱셈에서 분배 법칙 $a \times (b-c) = (a \times b) - (a \times c)$가 성립한다.

④ 덧셈의 연산 법칙

　㉠ 덧셈은 교환 법칙이 성립한다.

　　$a + b = b + a$

$a = 3$, $b = 2$일 때,
$a + b = 3 + 2 = 5$
$b + a = 2 + 3 = 5$

덧셈은 교환 법칙이 성립함을 알 수 있다.

ⓛ 덧셈은 결합 법칙이 성립한다.

$$a+(b+c)=(a+b)+c$$

$a=1,\ b=2,\ c=3$일 때,
$a+(b+c)=1+(2+3)=1+(5)=6$
$(a+b)+c=(1+2)+3=(3)+3=6$

덧셈은 결합 법칙이 성립함을 알 수 있다.

---

⑤ 뺄셈의 연산 법칙

ⓐ 뺄셈을 계산할 때는 빼는 수의 부호를 반대로 바꾼 후 덧셈으로 바꿔 계산
한다.

$$a-b=a+(-b)$$

$a=1,\ b=2$일 때,
$a-b=1-2=1+(-2)=-1$

ⓛ 뺄셈은 교환 법칙이 성립하지 않는다.

$$a-b \ne b-a$$

$a=1,\ b=2$일 때,
$a-b=1-2=-1$
$b-a=2-1=1$
$a-b \ne b-a$

뺄셈은 교환 법칙이 성립하지 않는다.

ⓒ 뺄셈은 결합 법칙이 성립하지 않는다.

$(a-b)-c \neq a-(b-c)$

$a=1,\ b=2,\ c=3$일 때,
$(a-b)-c=(1-2)-3=(-1)-3=-4$
$a-(b-c)=1-(2-3)=1-(-1)=1+1=2$
$(a-b)-c \neq a-(b-c)$

뺄셈은 결합 법칙이 성립하지 않는다.

⑥ 곱셈의 연산 법칙

㉠ 곱셈은 교환 법칙이 성립한다.

$a \times b = b \times a$

$a=8,\ b=7$일 때,
$a \times b = 8 \times 7 = 56$
$b \times a = 7 \times 8 = 56$

곱셈은 교환 법칙이 성립함을 알 수 있다.

㉡ 곱셈은 결합 법칙이 성립한다.

$a \times (b \times c) = (a \times b) \times c$

$a=1,\ b=2,\ c=3$일 때,
$a \times (b \times c) = 1 \times (2 \times 3) = 1 \times 6 = 6$
$(a \times b) \times c = (1 \times 2) \times 3 = 2 \times 3 = 6$

곱셈은 결합 법칙이 성립함을 알 수 있다.

ⓒ 곱셈은 분배 법칙이 성립한다.

$$a \times (b+c) = (a \times b) + (a \times c)$$
$$(a+b) \times c = (a \times c) + (b \times c)$$

$a=1$, $b=2$, $c=3$일 때,

$a \times (b+c) = 1 \times (2+3) = 1 \times 5 = 5$

$a \times (b+c) = (a \times b) + (a \times c) = (1 \times 2) + (1 \times 3) = 2+3 = 5$

$(a+b) \times c = (1+2) \times 3 = 3 \times 3 = 9$

$(a+b) \times c = (a \times c) + (b \times c) = (1 \times 3) + (2 \times 3) = 3+6 = 9$

곱셈은 분배 법칙이 성립함을 알 수 있다.

---

⑦ 나눗셈의 연산 법칙

　ㄱ 나눗셈은 교환 법칙이 성립하지 않는다.

$$a \div b \neq b \div a$$

$a=8$, $b=7$일 때 나눗셈을 하면

$a \div b = 8 \div 7 = \dfrac{8}{7}$

$b \div a = 7 \div 8 = \dfrac{7}{8}$

나눗셈은 교환 법칙이 성립하지 않는다.

　ㄴ 나눗셈은 결합 법칙이 성립하지 않는다.

$$a \div (b \div c) \neq (a \div b) \div c$$

$a=1$, $b=2$, $c=3$일 때,

$a \div (b \div c) = 1 \div (2 \div 3) = 1 \div \dfrac{2}{3} = 1 \times \dfrac{3}{2} = \dfrac{3}{2}$

$(a \div b) \div c = (1 \div 2) \div 3 = \dfrac{1}{2} \div 3 = \dfrac{1}{2} \times \dfrac{1}{3} = \dfrac{1}{6}$

나눗셈은 결합 법칙이 성립하지 않는다.

ⓒ 나눗셈은 분배 법칙이 성립하지 않는다.

$$a \div (b+c) \neq (a \div b) + (a \div c)$$

$$(a+b) \div c \neq (a \div c) + (b \div c)$$

$a=2, \ b=3, \ c=4$일 때,

$$a \div (b+c) = 2 \div (3+4) = 2 \div 7 = \frac{2}{7}$$

$$a \div (b+c) = (a \div b) + (a \div c) = (2 \div 3) + (2 \div 4) = \frac{2}{3} + \frac{2}{4} = \frac{8+6}{12} = \frac{7}{6}$$

$$(a+b) \div c = (2+3) \div 4 = 5 \div 4 = \frac{5}{4}$$

$$(a+b) \div c = (a \div c) + (b \div c) = (2 \div 4) + (3 \div 4) = \frac{1}{2} + \frac{3}{4} = \frac{4+6}{8} = \frac{5}{4}$$

나눗셈은 분배 법칙이 성립하지 않는다.

사례 ❷

기출 문제

1 다음 식의 빈칸에 들어갈 연산 기호는 무엇인가?   2015년 국민건강보험공단

$5 \times 25 + 50(\quad)2 - 50 = 100$

2 $A \diamond B = A^2 + B^2$, $A \odot B = A^2 - B^2$일 때, $(2 \diamond 0) \diamond (2 \odot 1)$는?

2015년 한국산업인력공단

① 7   ② 11   ③ 20   ④ 25

풀이

1. 위의 식을 사칙연산의 순서에 맞게 괄호를 사용해서 변형해 보자.

$(5 \times 25) + 50(\quad)2 - 50 = 100$

연산을 할 때 처음 계산하는 부분은 곱셈과 나눗셈이므로 풀이를 위해 추가한 괄호 안의 (5×25)가 제일 먼저 계산된다. 양변에서 그 크기를 빼면 다음과 같다.

$(5 \times 25) - (5 \times 25) + 50(\quad)2 - 50 = 100 - (5 \times 25)$

$50(\quad)2 - 50 = 100 - (125)$

$50(\quad)2 - 50 = -25$

남아 있는 수식에서 빈칸의 기호와 관계없이 마지막으로 계산되는 -50을 제거하기 위해 양변에 더해 주면,

$50(\quad)2 - 50 + 50 = -25 + 50$

$50(\quad)2 = 25$

따라서 ( )에 들어갈 연산 기호는 '$\div$'이다.

2. 사칙연산이 아닌 새로운 연산 기호와 연산 방법을 알려 주고 답을 찾는 문제이므로 주어진 조건에 따라 답을 찾는다.

$(2 \diamond 0) \diamond (2 \odot 1) = (2^2 + 0^2) \diamond (2^2 - 1^2) = 4 \diamond 3 = 4^2 + 3^2 = 16 + 9 = 25$

탐구활동

다음은 한국표준협회에서 사무용품을 구매하기 위해 한 업체로부터 받은 견적서
이다. 이를 보고 이어지는 물음에 답하시오.

견 적 서

No.							

2017년 2월 23일

한국표준협회　　**귀하**

아래와 같이 견적합니다.

공급자	등 록 번 호	000-00-00000			
	상호(법인명)	㈜ ○○문구		성명	홍 길 동 ㊞
	사업장 주소	서울특별시 강남구 △△로 101호			
	업　　태	무역, 도매		종목	전자상거래
	전 화 번 호	02) 000-0000 담당자 : 홍두깨			

합 계 금 액
(공급가액＋세액)　　　　오십이만 팔천 원(₩ 528,000)

품명	규격	수량	단가	공급가액	세액	비고
복사 용지 A4	A4 80g	5box	38,000	190,000	19,000	
3단 문서 서랍장	405×580×555	2	140,000	280,000	28,000	
문서보존용 상자	A4	10	1,000	10,000	1,000	
계		17	179,000	480,000	48,000	

1. 견적서 양식에서 가로 방향(행, column)으로 어떤 사칙연산을 사용하는가?

2. 견적서 양식에서 세로 방향(열, row)으로 어떤 사칙연산을 사용하는가?

3. 문제 1과 2의 사칙연산을 이용하여 수식을 만든 후 풀어 보고 견적 금액과 동일한지
   확인하시오.

사례연구

견적서 작성

직업인이 업무를 수행하는 과정에서 대하는 서류 중에는 견적서가 있다. 견적서는 회사와 회사 또는 회사와 개인, 개인과 개인 사이의 상거래에서 매입하는 상품에 대해 지출해야 하는 현금의 규모를 알기 위해 구매자가 공급자에게서 받는 서류이다. 아래는 구매자인 한국표준협회에서 ㈜ ○○문구로부터 총 세 가지 품목에 대해 견적을 받은 내역이다.

No.

견 적 서

2017년 2월 23일

한국표준협회 **귀하**

아래와 같이 견적합니다.

공급자	등 록 번 호	000-00-00000		
	상호(법인명)	㈜ ○○문구	성명	홍 길 동 ㉑
	사업장 주소	서울특별시 강남구 △△로 101호		
	업 태	무역, 도매	종목	전자상거래
	전 화 번 호	02) 000-0000 담당자 : 홍두깨		

합 계 금 액
(공급가액＋세액)

오십이만 팔천 원(₩ 528,000)

품명	규격	수량	단가	공급가액	세액	비고
복사 용지 A4	A4 80g	5box	38,000	190,000	19,000	
3단 문서 서랍장	405×580×555	2	140,000	280,000	28,000	
문서보존용 상자	A4	10	1,000	10,000	1,000	
계		17	179,000	480,000	48,000	

견적서의 양식을 보면 다음과 같은 정보를 가지고 있다.

① 공급받는 자

  견적을 의뢰한 구매자 또는 매입자

② 공급자

견적을 제시한 판매자의 정보(사업자 등록번호, 상호명, 대표자명, 사업장 주소, 업태, 종목, 연락처 등)

③ 합계 금액(공급가액+부가가치세(VAT))

견적 금액으로 총 공급가액과 공급가액의 10%에 해당하는 부가가치세(VAT)의 총합

④ 품명

공급받는 자가 견적을 의뢰한 상품명(제조사, 모델명 등)

⑤ 규격

품명에 따른 규격

⑥ 수량

품명에 적힌 상품의 구매 수량

⑦ 단가

품명 한 개의 가격

⑧ 공급가액

수량×단가

⑨ 세액

부가가치세로서 공급가액(수량×단가)의 10%

⑩ 계

- 공급가액의 계

  (품명 1의 수량×단가)+(품명 2의 수량×단가)+(품명 3의 수량×단가)

- 세액의 계

  {(품명 1의 수량×단가)+(품명 2의 수량×단가)+(품명 3의 수량×단가)}× 10%

품명 A4 복사 용지를 예로 들어 설명하고자 한다.
한국표준협회는 A4 복사 용지(80g) 5상자를 구입할 계획이며, 공급자인 ㈜ ○○문
구에서는 복사 용지 1상자에 38,000원씩 5상자를 190,000원에 판매하고 부가가치
세인 공급가액의 10%를 추가해 견적을 제시하였다. 이에 따라 총 판매 금액은 공급
가액 190,000원＋부가가치세 19,000원이므로 209,000원이다.

품명	규격	수량	단가	공급가액	세액
A4 복사 용지	A4 80g	5box	38,000	190,000	19,000

위 금액이 계산된 과정을 보면 견적 금액을 제시하는 과정에서 곱셈이 사용되었다.
복사 용지 1상자에 단가가 38,000원인데 이 복사 용지 5상자에 대한 금액을 계산한
과정에 곱셈이 사용되었다.
⑧ 공급가액을 계산하는 방법은
수량×단가＝공급가액
$5 \times 38,000 = 190,000$

⑨ 세액을 계산하는 방법은
단가×0.1＝부가가치세
$(38,000 \times 0.1) = 3,800$

A4 용지 1박스의 부가가치세는 3,800원이고 총 5박스이므로
부가가치세 합 $= 5 \times 3,800 = 19,000$
$(38,000 \times 0.1) \times 5 = 19,000$
$(5 \times 38,000)$: 공급가액
A4 용지 5박스의 견적 금액은 공급가액＋부가가치세
$= 190,000 + 19,000 = 209,000$이므로 209,000원이다.

견적서의 품목이 3종(A4 복사 용지, 3단 문서 서랍장, 문서보존용 상자)이므로 견
적의 합계 금액은
A4 복사 용지의 공급가액＋A4 복사 용지의 부가가치세＋3단 서랍장의 공급가액＋
3단 서랍장의 부가가치세＋문서보존용 상자의 공급가액＋문서보존용 상자의 부
가가치세
$= 190,000 + 19,000 \;\rightarrow$ A4 복사 용지
$\quad + (2 \times 140,000) + (2 \times 14,000) \;\rightarrow$ 3단 서랍장
$\quad + (10 \times 1,000) + (10 \times 100) \;\rightarrow$ 문서보존용 상자

$$= 190,000 + 280,000 + 10,000 + 19,000 + 28,000 + 1,000$$
$$= (190,000 + 280,000 + 10,000) + (19,000 + 28,000 + 1,000)$$
$$= 480,000 + 48,000$$
$$= 528,000$$

견적서를 보면 가로 방향에서는 곱셈이 사용되었고, 세로 방향에서는 덧셈이 사용되었다.

품명	규격	수량	단가	공급가액	세액	비고
복사 용지 A4	A4 80g	5box	38,000	190,000	19,000	
3단 문서 서랍장	405×580×555	2	140,000	280,000	28,000	
문서보존용 상자	A4	10	1,000	10,000	1,000	
계		17	179,000	480,000	48,000	

제2절 사칙연산 응용

1 방정식과 항등식

방정식과 항등식은 모두 등식에 속한다. 등식은 숫자나 문자로 식을 표현하고 등호 (=)로 수식을 연결하여 나타낸 것이다. 그렇기에 등호를 기준으로 좌변과 우변의 값이 같다는 것이 기본 전제이다. 그렇기 때문에 등호(=)는 수학적으로 중요한 의미를 갖는다. 좌변과 우변이 같을 때만 등호를 사용하기 때문에 단위도 같아야 한다.

방정식과 항등식은 알려지지 않은 임의의 값의 해를 구할 때 사용하는 식으로 1차 방정식, 2차 방정식, 3차 방정식 등이 있으나, 여기서는 해가 하나인 1차 방정식에 대해서만 설명하겠다.

1) 등식

등식은 숫자와 문자로 식을 표현하고 등호(=)로 수식을 연결하여 표현한 것이다. 그 예로 방정식과 항등식이 있다.

예를 들면, $a+b=c,\ 3x+1=10,\ ax^2+bx+c=0$이 등식이다.

등호를 기준으로 등호의 왼쪽을 좌변, 등호의 오른쪽을 우변이라 한다.

> $a+b+c=$가+나+다
> (좌변)=(우변)

① 등식은 양변에 같은 수(또는 같은 식)를 더하거나 빼도 성립한다.

> $a=b$이면 $a+c=b+c$이다.
> $a=b$이면 $a-c=b-c$이다.

② 등식의 양변에 같은 수를 곱하거나 0이 아닌 수로 나눠도 등식은 성립한다.

> $a = b$이면 $ac = bc$이다.
>
> $a = b$이면 $\dfrac{a}{c} = \dfrac{b}{c}(c \neq 0)$이다.

2) 항등식과 방정식

① 항등식

문자와 수의 연산으로 이루어진 등식 중에서 임의의 문자가 어떤 값을 가지더라도 항상 등식이 성립할 때 이 등식을 그 문자에 대한 항등식이라 한다.

다음은 대표적인 항등식이다.

> **1. 실수의 덧셈과 곱셈**
>
> 교환 법칙 : $a + b = b + a$ $ab = ba$
>
> 결합 법칙 : $(a + b) + c = a + (b + c)$ $(ab)c = a(bc)$
>
> 분배 법칙 : $a(b + c) = ab + ac$ $(a + b)c = (ac) + (bc)$
>
> **2. 인수분해**
>
> $(a + b + c)^2 = a^2 + b^2 + c^2 = 2ab + 2bc + 2ca$
>
> $a^2 - b^2 = (a - b)(a + b)$
>
> **3. 삼각함수**
>
> $\sin 2a = 2 \sin a \cos a$
>
> $\cos^2 \dfrac{a}{2} = \dfrac{1 + \cos a}{2}$

• $ax + b = 0$이 x에 대한 항등식이다. → $a = 0,\ b = 0$

위 등식이 항등식이 되려면 $a = 0,\ b = 0$이어야 한다.

- $ax + b = cx + d$가 x에 대한 항등식이다. → $a = c$, $b = d$

  위 등식이 항등식이 되려면 $a = c$, $b = d$이어야 x의 값과 관계없이 항상 등식이 성립된다.

- 좌변과 우변을 간단히 정리하였을 때 (좌변)=(우변)이면 항등식이다.

② 방정식

방정식은 미지수인 문자를 포함하는 등식으로 포함된 미지수 값에 따라 등호가 성립(참)이 되기도 하고, 성립이 될 수 없기도 하는(거짓) 등식이다. 일반적으로 '해를 찾는다', '방정식을 푼다'라는 것은 등식이 성립되는 미지수를 구하는 것이다. 이때 방정식이 성립하는 미지수를 '해' 또는 '근'이라 한다.

3) 이항

이항은 항을 옮긴다는 뜻으로 항을 좌변에서 우변으로 또는 우변에서 좌변으로 옮겨서 식을 간단하게 만들거나 한 변에 임의의 문자, 다른 변에는 상수를 모아서 방정식을 쉽게 풀기 위한 방법이다. 이항은 등식의 성질을 이용한 것이다.

① 부호의 변화

등식의 한 변에 있는 항을 부호를 바꿔서 다른 변으로 옮긴다.

$$4x + 2 = 2x - 5$$
$$4x + (-2x) = -5 + (-2)$$
$$4x - 2x = -5 - 2$$
$$2x = -7$$
$$x = -\frac{7}{2}$$

② 이항의 목적

항이 많은 다항식을 이항을 통해 항의 수를 줄일 수 있다. 위의 예에서 항은 처음 항의 수는 4개였지만, 이항을 통해 2개까지 줄였다. 또한 미지수가 여러 개일 때 미지수끼리 묶을 수 있어서 문제를 이해하는 데 도움이 된다.

4) 일차방정식

일차방정식은 등식의 모든 항을 좌변으로 이항하여 정리하였을 때, 다음의 형태로 변형이 되는 방정식을 말한다.

변수 x_1, x_2, x_3, $\cdots$, x_n과 상수 a_1, a_2, a_3, $\cdots$, a_n, b에 대해서
$a_1x_1 + a_2x_2 + a_3x_3 + \cdots + a_nx_n = b$

일차방정식을 푼다는 것은 등식의 성질을 이용하여 좌변에 변수만 남기는 것을 의미한다.

$ax + b = 0$ $(a,\ b:$ 상수, $x:$ 변수)

$ax = -b$: 좌변의 상수를 우변으로 이항

$x = -\dfrac{b}{a}$: 좌변에 변수만 남음

5) 비례식

비례식은 a, b의 비와 c, d의 비가 같은 경우, 두 비를 등호($=$)를 사용하여 나타낸 수식을 말한다. 즉, 비례식은 a, b와의 비와 c, d의 비가 같다는 것을 나타낸다.

외항
$$a : b = c : d$$
내항

내항의 곱 = 외항의 곱
$bc = ad$

비례식은 분수의 성질을 이용한다. 분수는 분자와 분모에 0이 아닌 같은 크기의 숫자를 곱해도 그 값이 변하지 않는 특징이 있다.

$$a : b = 2a : 2b = 3a : 3b = ma : mb$$

비례식은 분수로도 표현할 수 있다. 단, 분수에서 분자나 분모의 크기가 0이 아닌 정수이어야 한다.

$$\frac{a}{b} = \frac{2a}{2b} = \frac{3a}{3b} = \frac{ma}{mb}$$

사례 ❸

고대 문명의 수학 - 황금비

'꽃보다 할배'라는 TV 프로그램에서 원로 노배우분들이 여행한 곳 중 그리스 편이 있었다. 당시 가이드는 파르테논 신전에 대해 설명을 하였는데, 그 장면이 유독 인상 깊게 남아 있다. 가이드의 설명에 따르면, 파르테논 신전에는 현대인도 놀랄만한 다음 두 가지 고대 건축 기술이 적용되었다고 한다.

첫 번째는 건축물의 기울기이다. 큰 건물의 경우 아래에서 위로 올려다보면 위쪽이 더 크게 보여 마치 쏟아지듯이 보인다고 한다. 보는 사람으로서는 불안할 수 있지만, 신에게 바쳐진 신전이 더욱 선명하고 잘 보이기를 바라면서 아래에서 위쪽으로 갈수록 약간 들어가도록 지어졌다고 한다. 즉, 옆에서 보면 지면과 수직이 아닌 건축물 안쪽으로 천정이 들어간 형태여서, 신전에 참배하는 신도들이 건물을 일직선으로 보이게 지었다는 것이다.

두 번째는 건축물의 모든 비율이 황금비인 1.618 : 1 약 8 : 5 비율로 지어졌다는 것이다. 이 비율은 사람이 봤을 때 가장 아름다움을 느끼는 비율로, 우리가 사용하는 각종 플라스틱 카드(신용카드, 학생증, 교통카드 등), 우표, 비너스의 조각상, 피라미드의 밑변 중심에서 가로로 한쪽 끝과 꼭대기까지의 비율 등이 이 황금비를 따른다. 시대는 다르지만, 이집트의 피라미드와 레오나르도 다빈치의 인체도에서도 황금비를 찾을 수 있다.

▌이집트의 피라미드

▌레오나르도 다빈치의 인체도

사례 ❹

기출 문제

1 은주는 과일 가게에서 사과와 배를 합쳐 4,200g을 샀다. 사과와 배의 무게가
   각각 200g이라면, 배를 3개 샀을 때 사과의 개수는? 2015년 한국산업인력공단

   ① 15개   ② 16개   ③ 17개   ④ 18개

2 얼마 전 치른 승진 시험에서 50명 중 20명이 불합격하였다. 합격한 사람 중 가장
   낮은 점수는 합격자들의 평균보다 30점 낮고, 전체 50명의 평균보다 5점 낮으며,
   불합격자의 평균의 2배보다 3점 낮았다. 합격자의 평균 점수는 몇 점인가?

   2015년 한국토지주택공사

   ① 65점   ② 76점   ③ 84점   ④ 98점

3 거래처에 외근을 간 한국전력공사 직원 K는 다음의 방식으로 요금을 정산하는
   주차장에 5시간 10분 동안 주차하였다. K가 주차 요금으로 지불해야 할 금액은
   얼마인가? 2015년 한국전력공사

요금 정산 안내

기준	요금
기본 요금(1시간)	2,000원
1시간 초과~3시간 이내 30분당	500원
3시간 초과 30분당	1,500원

※ 30분 단위로 정산하며, 나머지가 30분 미만일 경우 30분으로 간주한다.

   ① 10,000원   ② 10,500원   ③ 11,000원
   ④ 11,500원   ⑤ 12,000원

풀이

1. 사과의 개수를 A라 하자. 각각의 무게가 200g이고 전체 무게가 4,200g이므로

$$200A + 200 \times 3 = 4,200$$
$$A + 3 = 21$$
$$A = 21 - 3$$
$$A = 18$$

따라서 사과는 18개이다.

2. 합격자의 평균을 X, 불합격자의 평균을 Y라 하자.

전체 평균: $\dfrac{30X + 20Y}{50} = \dfrac{3X + 2Y}{5}$

합격자 중 최하 점수는

$X - 30$ …… ㉠

$\dfrac{3X + 2Y}{5} - 5$ …… ㉡

$2Y - 3$ …… ㉢

㉠, ㉡, ㉢은 최하점으로 합격한 직원의 점수이므로 서로 같다.

$$X - 30 = \dfrac{3X + 2Y}{5} - 5 = 2Y - 3$$

$$X - 30 = \dfrac{3X + 2Y}{5} - 5 \cdots ㉣$$

$$\dfrac{3X + 2Y}{5} - 5 = 2Y - 3 \cdots ㉤$$

㉣을 정리하면,

$X - 30 = \dfrac{3X + 2Y}{5} - 5$ 양변에 5를 곱해 우변의 분모를 약분하면

$$5X - 150 = 3X + 2Y - 25$$
$$5X - 3X - 2Y = -25 + 150$$
$$2X - 2Y = 125$$

㉤을 정리하면,

$\dfrac{3X + 2Y}{5} - 5 = 2Y - 3$ 양변에 5를 곱하여 좌변의 분모를 약분하면

$$3X + 2Y - 25 = 10Y - 15$$
$$3X - 8Y = 10$$

㉣과 ㉤을 연립하면

$$X = 98, \quad Y = 35.5$$

따라서 합격자의 평균 점수는 98점이다.

3. 주차 시간을 기준 시간으로 바꾸어 계산한다.

기준	기준 시간(단위)	요금(원)	주차 시간(단위)	주차 요금
기본	1시간	2,000	1시간	2,000원
1시간 초과~ 3시간 미만	30분	500	2시간	2,000원
3시간 초과	30분	1,500	2시간 10분	7,500원
계			5시간 10분	11,500원

따라서 주차 요금은 11,500원이다.

사례연구

피타고라스 정리

임의의 직각삼각형에서 빗변의 길이를 c, 빗변이 아닌
다른 두 변의 길이를 각각 a, b라고 하면, 다음의 등식이
성립한다.

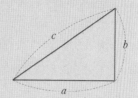

$$c^2 = a^2 + b^2$$

위 수식을 말로 바꿔보면 '임의의 직각삼각형의 빗변의 길이의 제곱은 밑변의 길이의 제곱의 합과 높이의 제곱의 합과 같다'이다.

여기엔 조건이 붙어 있다. 반드시 3개의 내각 중 1개가 $90°$이어야 한다. 즉, 둔각($> 90°$)이거나 예각($< 90°$)일 때는 성립하지 않는다.

또한, 우리가 쉽게 암기하기 위해 빗변의 길이 : 밑변의 길이(또는 높이) : 높이(또는 밑변의 길이)의 비율을 암기한다.

밑변의 길이 : 빗변의 길이 : 높이 $= 1 : 2 : \sqrt{3}$

오답이라고 할 수는 없지만 가끔 엉뚱한 실수를 할 수 있다. 위의 각도에 대한 조건에서 벗어나는 삼각형에도 동일한 비율을 적용한다는 것이다. 위의 비율이 언제나 참이 되려면 삼각형을 이루고 있는 각도가 $60°, 30°$, 그리고 $90°$인 직각삼각형이어야 한다. 만일 이 각의 크기가 아니라면 위의 비율을 적용할 수 없다.

또한 한 각의 크기가 둔각이라면 변의 길이가 그림처럼
$a \rightarrow a'$으로, $b \rightarrow b'$로 바뀌어야 한다.

$$c^2 = a'^2 + b'^2$$

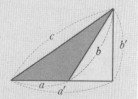

수학이나 과학뿐만 아니라 모든 학문에서 사용되는 정의, 정리, 법칙 등은 반드시 조건이 붙는다. 하지만 우리는 과정이나 이론적 바탕 없이 결론만 암기하기 때문에, 새로운 문제의 해결 능력은 떨어지고 응용력이나 창의력도 부족하게 되었다.

현대는 매우 빠른 속도로 급변하고 있어서 단지 몇 개월만 그 변화를 따라잡지 못한다고 해도 적응하기가 힘들뿐더러 친구들이나 직장 동료들과의 대화에서도 소외될 수 있다. 이러한 변화에 조금이라도 발 빠르게 대처하는 방법 중의 하나가 사소할지라도 이 처럼 기본이 되는 이론과 원리를 이해하고 있어야 한다는 점이다.

> ◢ 교육적 시사점
> • 정의, 원리, 법칙에는 반드시 제한점을 명시한 조건이 있다.
> • 조건을 벗어난 환경에서 우연히 그 정의, 원리, 법칙과 일치할 수 있으나, 그것은 우연이다.
> • 직업인이 업무 처리 과정에서 원칙을 지켜 업무를 수행하는 것은 실수를 줄이는 방법이고, 스스로를 발전시킬 수 있는 토양이 된다.

2 생활에서 사칙연산 응용

수리능력에 기초한 실용적 지식의 습득은 일상생활에서 사칙연산을 응용할 수 있다는 것이다. 학교 내에서는 주어진 문제를 풀어 정답을 알아내기 위해 사칙연산을 사용하지만, 일상생활에서는 학습된 사칙연산을 기반으로 문제 해결을 위해 사고하는 과정을 거치면서 지식이 지혜로서 확대된다.

물리학, 화학, 경제학 등에서 사용하는 용어의 정의와 단위는 바로 사칙연산을 기반으로 정의되고 표기된다. 여기서는 생활에서 많이 사용하는 빠르기, 농도, 그리고 이자율에 대해 설명한다.

1) 거리, 속도 그리고 시간의 관계

거리와 속도는 시간에 관한 함수이다.

① 속도와 속력

일반적으로 혼용해서 사용하고 있지만 속도와 속력은 다르다. 둘의 공통점은 물리량이 같다는 것이다. 다음의 정의와 같이 평균 속도 또는 평균 속력은 일정한 시간 동안 이동한 거리를 이동한 시간으로 나눈 것이다.

차이점은 속도는 벡터이고 속력은 스칼라이다. 그 차이는 벡터는 방향과 크기를 갖는 양이고, 스칼라는 방향을 가지지 않는다. 즉, 전진하든 후진하든 시간당 이동한 거리가 같으면 속력은 같다. 하지만 속도는 방향도 포함되기에 전진하는 것과 그대로 후진하는 것은 다르다. 그래서 자동차 계기판에서 빠르기를 나타내는 것은 속력계이다.

② 속도의 정의

평균 속도는 이동한 거리를 이동하는 데 걸린 시간으로 나눈 것이다. 즉, 단위 시간(1초) 동안 이동한 거리가 얼마인가를 나타낸 것이다.

$$\text{평균속도(velocity, m/s)} = \frac{\text{이동거리(distance, meter)}}{\text{이동시간(time, second)}}$$

③ 단위

단위는 주어진 시간의 단위와 이동한 거리의 단위에 따라 다르다.
예 km/h, km/min, n/s, cm/s 등

④ 시간과 거리의 그래프에서 그려지는 선의 기울기는 평균 속도를 나타내고 시간과 속도의 그래프에서 그려지는 선의 기울기는 평균 가속도를 나타낸다.

2) 농도 구하기

농도는 액체나 기체 안에 어떤 물질이 얼마나 녹아 있는지를 나타내는 것이다. 우리는 보통 농도가 진하다, 농도가 흐리다 또는 농도가 높다, 농도가 낮다는 표현을 사용한다. 식품을 구입한 후 영양표를 보면 식품에 함유된 사항들이 무게 (g)와 함유량(%)으로 표기되어 있다는 것을 알 수 있다.

① 농도는 액체나 혼합 기체와 같은 용액을 구성하는 성분의 양의 정도를 나타
낸다.

$$\text{농도(\%)} = \frac{\text{용질의 질량}}{\text{(용매 + 용질)의 질량}} \times 100$$

즉, 용질의 질량 + 용매의 질량이 100일 때, 그 안에 용질의 양을 표현한 것이다.

② 일반적으로는 백분율(1/100)을 사용하나, 경우에 따라 퍼밀(1/1000) 또는 몰
농도로 나타내기도 한다.

③ 단위는 농도의 종류에 따라 다르다. 퍼센트 농도의 단위는 %, 퍼밀 농도는
‰, 몰농도는 mol/L를 사용한다.

3) 금융 이자 구하기

시중 금융사의 이자는 크게 단리이자와 복리이자가 있다. 단리이자는 원금에
대해 약정된 기간 중에 이자를 1번 주는 것이고, 복리 이자는 원금에 이자, 그리고
그 이자에 대한 이자가 주어지는 것이다.

① 단리법은 원금에 대해서 약정된 이자율과 예치 기간을 곱해서 이자를 지급
하는 방식이다.

$$\text{원리금의 합} = \text{원금} \times (1 + \text{이자율} \times \text{예치 기간})$$

② 복리법은 원금에 대한 이자를 가산한 후 이 합계를 새로운 원금으로 하여
이자를 지급하는 방식이다.

$$\text{원리금의 합} = \text{원금} \times (1 + \text{이자율})^{\text{예치 기간}}$$

사례 ❺

기출 문제

1   K회사의 점심시간은 1시간 30분이며 직원들은 5분 전에 들어와야 한다. 점심을
     먹으러 가는 속력은 2.5km/h이고, 올 때 속력은 3km/h라 할 때, 회사에서 식
     당까지의 최대 거리는 몇 km인가? (단, 식사 시간은 30분이다.)

2015년 한국산업인력공단

① 1km   ② 1.25km   ③ 2km
④ 2.25km   ⑤ 3km

2   16%의 소금물 500g에 물 100g을 추가한 후, 몇 g의 소금을 더 넣었더니 20%의
     소금물이 되었다. 더 넣은 소금의 양은 얼마인가?   2015년 한국철도공사

① 40g   ② 45g   ③ 50g   ④ 55g

풀이

1. 총 1시간 30분의 점심시간 중에 이동하는 데 사용할 수 있는 시간은 식사시간 30
   분과 미리 들어와야 하는 시간 5분을 제외한 55분이다.

   회사에서 식당까지의 거리가 x 라 하면

   $$시간 = \frac{거리}{속력} 이므로$$

   $$\frac{x}{2.5} + \frac{x}{3} = \frac{55}{60}$$

   $$\frac{3x + 2.5x}{7.5} = \frac{55}{60}$$

   $$\frac{5.5x}{7.5} = \frac{55}{60}$$

   $$x = 1.25$$

   따라서 회사에서 식당까지의 최대 거리는 1.25km이다.

2. 원래 소금물에 들어 있던 소금의 양을 x라 하면
16%의 소금물 500g에 들어 있는 소금의 양은

$$\frac{x}{500} \times 100 = 16$$

$$\frac{x}{5} = 16$$

$$x = 16 \times 5 = 80$$

추가로 넘은 소금의 양을 y라 하면

$$20 = \frac{80+y}{500+100} \times 100$$

$$20 = \frac{80+y}{600} \times 100 = \frac{80+y}{6}$$

$$120 = 80 + y$$

$$y = 40$$

따라서 추가로 넣은 소금의 양은 40g이다.

정답 및 해설 p.237

탐구활동

1. 다크 초콜릿의 카카오 함유량은?

건강에 좋다는 다크 초콜릿을 만들기 위해 카카오와 설탕을 준비했다. 설탕의 함유량이 너무 적으면 맛이 쓰기 때문에 시중에서 파는 것보다 설탕이 많은 농도 80%의 초콜릿을 만들려고 한다. 준비한 설탕 120g을 모두 사용하기 위해서는 몇 g의 카카오가 있어야 하는가? (단, 다크 초콜릿은 설탕과 카카오 두 가지로만 만든다.)

2. 어느 정기예금이 더 많은 이자를 받을 수 있을까?

철수는 1,000만 원을 은행의 정기예금으로 3년간 예치하기 위해 금리를 비교해 보았다. 주거래은행인 A에서는 정기예금을 3년 동안 예탁하면 복리이자로 연 1.6%를 준다고 하고, 타 은행인 B에서는 3년을 예탁하면 단리이자로 연 3%를 준다고 한다. 동일한 기간 동안 예탁할 경우, 어떤 방식이 더 많은 이자를 받을 수 있을까?

제3절 검산

1 검산

흔히 숫자를 다루는 업무나 학습 시 알게 모르게 연산을 실수하는 경우가 종종 발생한다. 특히 업무 중 연산 오류는 환율, 경비, 수수료, 임금 등에 있어서 여파가 크므로 주의해야 한다. 일반적으로 연산을 한 후 오류가 없는지를 확인하는 과정을 검산(檢算)이라고 한다.

1) 검산이란?

검산은 수행한 연산을 한 번 더 점검하는 의미로 또다시 연산을 하는 것을 말한다. 영어로는 check라 하는데, 영화나 드라마에서 보면 double check라는 대화를 들은 적이 있을 것이다. 중요하기 때문에 확인을 한 번이 아닌 두 번하라는 의미이다.

직업인에게 있어서 업무 수행은 작게는 소속 부서, 넓게는 거래처에까지 여파가 미치기 때문에 사소한 것이라도 실수를 가능한 줄여야 한다.

2) 검산을 하는 이유

우리가 수를 사용하여 연산을 했을 때, 그 연산이 참인지 거짓인지 파악하고, 거짓인 경우는 다시 연산을 실행해서 참으로 수정해야 한다. 요즘은 직장에서 컴퓨터와 프로그램을 사용하여 업무를 수행하므로 실수가 발생할 확률이 낮지만, '만일'이라는 것이 있어서 혹시나 입력이 잘못되었는지, 누락이 있었는지 등을 파악해서 확실히 처리하는 것이 업무 능력을 인정받고 신뢰를 쌓을 수 있다.

하지만 대부분 검산이 필요하다는 것을 알면서도 귀찮다는 이유로 간과하는 경우가 있다. 가까운 예로 시험을 생각할 수 있다. 어이없는 실수로 점수를 깎인 경험은 누구나 있을 것이다. 그런 작은 실수를 범하지 않는 것이 바로 검산을 수행하는 이유이다.

2 검산하는 방법

1) 역연산 방법

역연산은 답으로부터 주어진 수가 계산되는지 확인하는 방법으로 연산 과정에서
사용한 방법과 반대이다. 즉, 답에서 거꾸로 계산하여 원래 주어진 숫자가 나오는
지를 계산하는 것이다. 덧셈은 뺄셈과 역연산 관계이고, 곱셈은 나눗셈과 역연산
관계이다.

① 덧셈에 대한 역연산 검산

$A + B = C \rightarrow C - B = A$ 또는 $C - A = B$

(피가수)+(가수)=(합) → (합)−(가수)=(피가수)

② 뺄셈에 대한 역연산 검산

$A - B = C \rightarrow C + B = A$ 또는 $C + A = B$

(피감수)+(감수)=(차) → (차)−(감수)=(피감수)

③ 곱셈에 대한 역연산 검산

$A \times B = C \rightarrow C \div B = A$ 또는 $C \div A = B$

(피승수)×(승수)=(곱) → (곱)÷(승수)=(피승수)

④ 나눗셈에 대한 역연산 검산

$A \div B = C \rightarrow C \times B = A$ 또는 $C \times A = B$

(피제수)÷(제수)=(몫) → (몫)×(제수)=(피제수)

2) 구거법

구거법은 자연수의 계산에서만 사용할 수 있는 방법이다. 이 방법은 원래의 주
어진 수의 각 자릿수의 합을 9로 나눈 나머지와 답으로 계산된 수의 각 자릿수의
합을 9로 나눈 나머지가 같다는 원리를 이용한다.

예를 들면,

$164575 + 12354546 = 12519121$의 계산에서

① 좌변(주어진 수)

$164575 \rightarrow \dfrac{(1+6+4+5+7+5)}{9} = \dfrac{28}{9} = 3\dfrac{1}{9} \rightarrow$ 몫은 3, 나머지는 1

$12354546 \rightarrow \dfrac{(1+2+3+5+4+5+4+6)}{9} = \dfrac{30}{9} = 3\dfrac{3}{9} \rightarrow$ 몫은 3, 나머지는 3

두 수의 나머지를 더하면 $1 + 3 = 4$이다.

② 우변(계산한 결과)

$12519121 \rightarrow \dfrac{(1+2+5+1+9+1+2+1)}{9} = \dfrac{22}{9} = 2\dfrac{4}{9} \rightarrow$ 몫은 2, 나머지는 4

좌변의 나머지와 우변의 나머지가 4로 같다.

이 검산 방법은 주어진 수가 모두 자연수이어야 하며, 계산 결과와 오답의 나머지 차이가 9인 경우 오류 여부를 알 수 없다는 한계가 있다.

탐구활동

※ 스스로 사칙연산 문제를 만들어 풀어 본 후, 역연산 방법을 사용하여 검산하시오.
(1~4)

1. 덧셈 :
   문제 :
   검산 :

2. 뺄셈 :
   문제 :
   검산 :

3. 곱셈 :
   문제 :
   검산 :

4. 나눗셈 :
   문제 :
   검산 :

※ 다음의 연산을 한 후 구거법을 이용해 검산하시오. (5~7)

5. $18452 - 574$

6. 8888×16

7. $53648 \div 4$

※ 다음을 계산하시오. (1~2)

1    $12 \times 150 - 121 \div 11 - 5$

2    $12 \times (150 - 101) \div 14 - 5$

3   한 기업체의 신입 사원의 수는 총 50명이다. 신입 사원의 40%는 영업과로 발령이
     났고, 이 중 여성 사원은 25%이다. 영업과로 발령을 받지 않은 신입 사원 중에 50%가
     여성 사원이라고 할 때, 전체 신입 사원 중 남성은 총 몇 명인가?

4   농도가 10%인 소금물 100g에서 물 20g을 증발시킨 후, 소금 5g을 더 넣어 새로운
     농도의 소금물을 만들었다. 이 소금물의 농도는 약 얼마인가?

5   A지점에서 B지점까지 철수가 시속 70km/h로 운전을 하면, 갑돌이가 시속 35km/h로
     운전하는 것보다 1시간 일찍 도착한다. A지점에서 B지점까지의 거리는?

가감법과 대입법

방정식의 해를 찾는 방법으로 가감법과 대입법이 있다.

1. **가감법** : 두 일차방정식을 변끼리 더하거나 빼서 연립방정식의 해를 구하는 방법
   예를 들면,
   $X + Y = 2$
   $X - Y = 0$
   $(X + Y) + (X - Y) = 2 + 0$
   $2X = 2$
   $X = 1$

2. **대입법** : 한 일차방정식을 다른 일차방정식에 대입하여 연립방정식의 해를 구하는 방법
   예를 들면,
   $X + 2Y = 5$
   $2X + Y = 3$

   두 번째 일차방정식인 $2X + Y = 3$에서 좌변의 $2X$를 이항하여 $Y = 3 - 2X$로 변환한 후 첫 번째 일차방정식의 Y자리에 넣는다.
   $X + 2(3 - 2X) = 5$
   $X + 6 - 4X = 5$
   $-3X = -1$
   $X = \dfrac{1}{3}$

   구한 $X = \dfrac{1}{3}$을 한 일차방정식에 대입하면 Y를 구할 수 있다.
   $X + 2Y = 5$
   $\dfrac{1}{3} + 2Y = 5$
   $2Y = 5 - \dfrac{1}{3}$
   $Y = \dfrac{1}{2} \times \dfrac{14}{3} = \dfrac{7}{3}$

   따라서 $X = \dfrac{1}{3}$, $Y = \dfrac{7}{3}$이다.

연립방정식 풀이

다음 문제 풀이 과정을 단계별로 살펴보자.

문제) 총 10대의 자동차와 모터사이클 바퀴의 합은 34개였다. 자동차와 모터사이클은 각각 몇 대인가?

1. 문제에서 미지수를 찾아 문자로 놓는다.

미지수는 자동차의 수와 모터사이클의 수이다. 각각 X와 Y로 놓는다.

2. 연립방정식을 세운다.

자동차와 모터사이클의 합은 10대이다.

$X + Y = 10$

자동차 1대의 바퀴 수는 4개이고, 모터사이클 1대의 바퀴 수는 2개이다.
자동차의 바퀴 수와 모터사이클의 바퀴 수의 총합은 34개이다.

$4X + 2Y = 34$

위 과정을 통해 2개의 방정식이 세워졌다.

$X + Y = 10$
$4X + 2Y = 34$

3. 가감법과 대입법을 이용해 푼다.

$X + Y = 10$
$Y = 10 - X$

$4X + 2Y = 34$
$4X + 2(10 - X) = 34$
$4X + 20 - 2X = 34$
$2X = 34 - 20$
$X = \dfrac{1}{2} \times 14 = 7$

구한 X값을 첫 식에 대입하여 Y값을 구하면

$X + Y = 10$
$7 + Y = 10$
$Y = 3$

4. 두 번째 식에 각각의 값을 대입해서 검산한다.

$4X + 2Y = 4(7) + 2(3) = 28 + 6 = 34$

따라서 자동차는 7대, 모터사이클은 3대이다.

학/습/정/리

1. 기초연산능력은 업무 수행 시 필요한 기초적인 사칙연산과 연산 방법을 이해하고 나아가 이를 응용하는 능력을 의미한다. 기초연산능력은 단순한 연산능력뿐만 아니라 문제 해결에 있어서 논리적인 사고, 접근 및 해결 방법을 제시할 수 있다.

2. 사칙연산이란 수에 관한 덧셈, 뺄셈, 곱셈 그리고 나눗셈의 계산법을 말한다. 업무 수행에 서는 단순한 사칙연산이 아닌, 복합적인 연산과 복잡한 풀이 과정이 필요한 연산도 있다.

3. 사칙연산의 순서는 다음과 같다.
　① 덧셈과 뺄셈이 쓰인 식은 왼쪽에서 오른쪽으로 순서대로 계산한다.
　② 곱셈과 나눗셈이 쓰인 식은 왼쪽에서 오른쪽으로 순서대로 계산한다.
　③ 덧셈, 뺄셈, 곱셈, 나눗셈이 복합적으로 적용된 식은 곱셈과 나눗셈을 먼저 계산한다.
　④ 괄호가 사용된 식은 괄호 안의 수식부터 계산한다.

4. 사칙연산의 법칙은 연산의 종류에 따라 다르다.
　① 덧셈: 교환 법칙, 결합 법칙이 성립한다.
　② 곱셈: 교환 법칙, 결합 법칙, 분배 법칙이 성립한다.
　③ 뺄셈과 나눗셈은 교환 법칙, 결합 법칙이 성립하지 않는 경우가 수의 종류에 따라 다르다.

5. 농도를 구하는 방법은 다음 식과 같다.
　• 용질: 녹아 있는 물질
　• 용매: 용질을 녹이는 물질로 액체 또는 기체

$$농도(\%) = \frac{용질의\ 질량(무게)}{(용매+용질)의\ 질량(무게)} \times 100$$

6. 이자를 구하는 공식은 단리법과 복리법으로 나누어진다.
　• 단리법: 이자가 한 번만 붙는다.
　　　　원금의 합 = 원금 × (1+이자율 × 예치 기간)
　• 복리법: 이자에 대한 이자가 붙는다.
　　　　원금의 합 = 원금 × (1+이자율)$^{예치\ 기간}$

7. 검산은 연산의 결과를 확인하여 오류를 줄이는 과정을 말한다.

8. 대표적인 검산 방법으로는 역연산 방법이 있다. 이 방법은 본래의 풀이와 반대 순서로, 상 대적인 연산을 수행하면서 본래의 답이 맞는지를 확인하는 과정이다.

9. 자연수의 계산에서는 구거법을 쉽게 사용할 수 있다. 구거법은 원래의 주어진 수의 각 자릿 수의 합을 9로 나눈 나머지와 답으로 계산된 수의 각 자릿수의 합을 9로 나눈 나머지가 같다는 원리를 이용한다.

NCS
직업기초능력평가

수리
능력

Chapter

03

기초통계능력

제**❸**장
기초통계능력

▶▶ 학습 목표

구분	학습 목표
일반 목표	직장 생활에서 평균, 합계, 빈도와 같은 기초적인 통계 기법을 활용하여 자료 의 특성과 경향성을 파악하는 능력을 기를 수 있다.
세부 목표	1. 통계란 무엇인지 설명할 수 있다. 2. 기초적인 통계 기법 중 자료를 대표하는 평균, 분산, 표준 편차, 중앙값, 백분율의 정의를 알고, 계산할 수 있다. 3. 직장인으로서 업무 수행 과정에서 효과적으로 통계 자료를 해석하는 방법을 설명할 수 있다.

▶▶ 주요 용어 정리

통계(統計, statistics)

사회 집단, 자연 집단의 상황을 구체적인 양적 기술을 반영하는 숫자로 나타낸 것이다.

통계 기법(統計技法)

통계에 사용되는 기교와 방법을 말한다.

평균(平均, mean, average)

여러 수나 같은 종류의 양의 중간값을 갖는 수이다.

빈도(頻度, frequency)

빈도수, 도수 또는 잦기라 한다. 각 데이터의 범위에 도수가 나타날 수 있는 정도이다.

분포(分布, distribution)

일정한 범위에 흩어져 퍼져 있는 것을 말한다.

분산(分散, variance)

통곗값과 평균값의 차이인 편차를 제곱하여 얻은 값들의 산술 평균으로 흩어진 정도를 말한다.

표준 편차(標準偏差, standard deviation)

자료의 분산 정도를 나타내는 수치. 분산의 양의 제곱근으로 표준 편차가 작은 것은 평균값 주위의 분산의 정도가 작은 것을 나타낸다.

제1절 통계란?

■ 통계

통계는 집단 현상에 대한 구체적인 양적 표현이 반영되어 있는 수를 뜻한다. 이는 사회 집단 또는 자연 집단의 상황을 숫자로 표현한 것이다. 예를 들면, 인구 대비 남녀 비율, 대한민국의 연령별 의료비 지출 금액, 한국의 쌀 생산량과 쌀 생산 면적의 추이, 특성화 고등학교의 진학률과 취업률 등은 사회 집단에 대한 통계이고, 강수량, 기온, 지진, 오존층의 변화 등은 자연 집단에 대한 통계이다.

이런 집단들에 대한 표현을 수로 반영하는 이유는 수가 객관적이고 세계 공용의 언어이기 때문이다. 수학자, 물리학자, 경제학자뿐만 아니라 수의 약속에 대해 교육을 받은 사람이라면 누구나 숫자로 된 자료의 이해, 표의 작성, 그래프 독해 및 통계적 자료의 파악이 가능하다.

1) 기초 용어

우리가 새로운 것을 배울 때 그 분야에서 사용하는 언어를 배우는 것과 같이 통계학에서도 기본적으로 쓰이는 용어, 즉 기초 통계 용어에 대해 알아보기로 하자. 여기서 미리 알아 둘 것은 용어는 예전부터 쓰이던 용어와 새롭게 추가된 용어, 또는 국어로 순환시켜서 말이 달라진 용어들이 혼용되어 쓰이고 있다는 것이다.

다음의 표를 보고 통계학에서 사용하는 용어에 대해 알아보자.

| 표 3-1 | 성·연령별 사망률 추이(2005~2015년)

(단위 : 인구 10만 명당, %)

연령(세)	남여 전체				
	2005년	2014년	2015년	2014년 대비	
				증감	증감률
전체	501.0	527.3	541.5	14.1	2.7
0	420.8	310.2	281.9	−28.4	−9.1
1~9	21.9	11.8	11.8	0.1	0.5
10~19	22.2	18.2	15.5	−2.7	−14.8
20~29	53.6	39.2	39.7	0.5	1.3
30~39	95.2	75.7	70.6	−5.1	−6.8
40~49	237.2	165.8	161.2	−4.6	−2.8
50~59	508.0	372.4	352.9	−19.6	−5.3
60~69	1,245.1	781.7	758.5	−23.1	−3.0
70~79	3,356.4	2,358.0	2,333.6	−24.4	−1.0
80 이상	10,956.5	8,597.5	8,584.7	−12.8	−0.1

자료 : 「2015년 사망 원인 통계」, 통계청

※ 연령별 사망률은 1~9세와 20대를 제외한 대부분 연령층에서 감소함

① 집단

통계학에서 일정한 공통 성질을 가지고 있는 같은 종류의 개체 모임을 집단이라고 한다.

예 사망한 대한민국 국민. 인구수에 관련된 내용이지만 전체 인구수가 아닌 사망한 사람의 인구수이고, 외국인이 아닌 대한민국 국적을 지녔던 공통점이 있다.

② 통계 단위 또는 단위

통계학에서 집단을 구성하는 각 개체를 '통계 단위' 또는 '단위'라고 한다.

예 사망한 대한민국 국민 개개인

③ 표지

통계 단위 또는 단위의 공통적 성질을 '표지'라고 한다.

예 '연령(세)'에 해당하는 각 구간. 사망한 한국인의 나이를 10년 단위로 나눠서 비교할 수 있게 표지를 정한 것이다.

④ 변량

자료를 수량(양)으로 나타낸 것을 '변량'이라고 한다.

예 '조사 연도에 따른 연령별 사망자 수'가 변량이 되어 단위는 명(인구 10만 명당 사망자 수)이다.

⑤ 계급

일정한 간격 및 규칙으로 나눈 구간을 '계급'이라고 한다.

예 0세, 1~9세, 10~19세 등 80세 이상까지 총 10개의 계급으로 나누었다.

⑥ 계급의 크기

구간의 너비를 '계급의 크기'라고 한다.

예 0세, 1~9세, 80세 이상을 제외하고 모두 10세가 계급의 크기이다.

⑦ 계급값

계급을 대표하는 값으로 어떤 계급의 가운데 값을 '계급값'이라고 한다. 즉 계급의 크기를 나열했을 때 중앙에 해당하는 값이다.

예 1~9세 계급에서는 1, 2, 3, 4, 5, 6, 7, 8, 9 중 5세가 계급값이다. 또 10~19세 계급에서는 10, 11, 12, 13, 14, 15, 16, 17, 18, 19 중 14세와 15세의 중간값인 14.5세가 계급값이다.

⑧ 빈도(또는 빈도수, 도수)

각 계급에 속하는 변량의 개수를 '빈도(또는 빈도수, 도수)'라고 한다.

예 2015년 0세 구간의 빈도(또는 빈도수, 도수)는 281.9/10만 명이다.

2) 통계의 종류

통계의 종류는 변수와 속성에 따라, 또는 집단의 성질에 따라 분류된다. 직업인들은 자신의 직종과 업무에 따라 접하는 통계의 종류가 다르며 직무 수행 경험에 의해 직무에 맞는 통계 자료를 조사·분석하고, 작성한다.

① 변수 통계와 속성 통계

표지는 양적인 표지와 질적인 표지로 나뉜다. 0세부터 10세는 양적인 표지이고 대한민국 국민은 질적인 표지가 된다. 양적인 표지의 통계를 변수 통계, 질적인 표지의 통계를 속성 통계라 한다.

- 변수 통계의 예: 연령, 소득 금액, 인구수, 생산량 등
- 속성 통계의 예: 직업, 산업, 거주지, 자가용 보유 등

② 사회 통계와 자연 통계

집단의 성질에 따라 사회 현상에 대한 사회 통계와 자연 현상에 대한 자연 통계로 나눈다.

- 사회 통계의 예: 경제 통계, 경영 통계 등
- 자연 통계의 예: 기후 통계, 지진 통계, 오존층 통계 등

사례 ❶

성·연령별 사망률 추이

※ 다음은 성·연령별 사망률 추이를 나타낸 표이다. 이를 보고 이어지는 물음에 답하시오. (1~3)

성·연령별 사망률 추이(2005~2015년)

(단위: 인구 10만 명당, %)

연령(세)	남여 전체				
	2005년	2014년	2015년	2014년 대비	
				증감	증감률
전체	501.0	527.3	541.5	14.1	2.7
0	420.8	310.2	281.9	−28.4	−9.1
1~9	21.9	11.8	11.8	0.1	0.5
10~19	22.2	18.2	15.5	−2.7	−14.8
20~29	53.6	39.2	39.7	0.5	1.3
30~39	95.2	75.7	70.6	−5.1	−6.8
40~49	237.2	165.8	161.2	−4.6	−2.8
50~59	508.0	372.4	352.9	−19.6	−5.3
60~69	1,245.1	781.7	758.5	−23.1	−3.0
70~79	3,356.4	2,358.0	2,333.6	−24.4	−1.0
80 이상	10,956.5	8,597.5	8,584.7	−12.8	−0.1

※ 연령별 사망률은 1~9세와 20대를 제외한 대부분 연령층에서 감소함

1　이 통계의 조사 대상과 공통점에 대해 쓰시오.

2　조사 대상의 연령은 몇 개로 구분되었는가?

3　문제 2에서 구분된 연령 범위는 한 구간에 몇 세인가?

풀이

1. 통계 자료의 집단에 대한 질문이다. 위 표에서 집단은 대한민국 국적을 가진 사망자가 본 조사의 집단이 된다.

2. 집단이 몇 개의 계급으로 구분되었는지 묻는 질문이다. 계급은 총 10개로 이뤄져 있다.

3. 계급의 크기를 묻는 질문이다.
   0세 : 1세, 1~9세 : 9세, 80세 이상 : 무제한을 제외한 나머지 계급의 크기는 10세이다.

탐구활동

※ 다음 표는 2014~2015년 성별 1인 가구 수에 대한 표이다. 이를 보고 이어지는 물음에
답하시오. (1~3)

성별 1인 가구(2014~2015년)

(단위 : 천 가구, %)

성별	2014년			2015년		
	전체가구	1인 가구	1인 가구 구성비	전체가구	1인 가구	1인 가구 구성비
계	18,530	4,939	100	18,776	5,110	100.0
남자	133,334	2,133	43.2	13,423	2,223	43.5
여자	5,195	2,806	56.8	5,352	2,887	56.2

1. 위 통계 자료에서 집단은 무엇인가?

2. 계급의 크기는 무엇인가?

3. 다음 직업인들이 위 자료를 어떻게 이용할지 답해 보시오.
  (1) 온라인 쇼핑몰과 상점을 운영하고 있는 자영업자 A씨는 가전제품을 추가로
      취급하려고 한다.

  (2) 자영업자 B씨는 원룸이 많은 지역에 작은 가게를 운영하려고 한다. 자취를
      하는 학생들과 젊은 직장인들이 많다는 평을 받고 있는 지역에 반찬 가게
      를 하고자 한다.

  (3) 자영업자 C씨는 입지 조건이 좋아 젊은 직장인들이 많이 몰려 있는 지역에서
      슈퍼마켓을 운영하려고 한다. 특히 채소와 과일의 경우에는 품질 좋은 공급
      업체를 필요로 한다.

2 기본 통계

높은 수준의 통계는 전문성과 통계학적 지식이 필요하므로 취업 후 담당하게 될 직무에 따라 학습하길 바라며 여기서는 기본이 되는 통계를 몇 가지 알아보기로 하자.

1) 빈도(빈도수, 도수)와 빈도 분포(도수 분포)

통계에 사용할 목적으로 수집된 자료는 통계학을 기본으로 한 일련의 정리 과정을 거쳐 통계 자료로서의 가치를 가지게 된다. 빈도 분포(도수 분포)는 빈도(또는 도수, 빈도수)를 표나 그래프에 나타낸 것이다. 일반적으로 이러한 표를 빈도 분포표(도수 분포표)라 한다.

다음 표는 학생들의 기초 체력 정도를 파악하기 위해 윗몸 일으키기 횟수를 측정하여 표와 도표로 작성한 것이다.

| 표 3-2 | 윗몸 일으키기 체력 측정 결과표

횟수(회)	인원(명)
10회 이하	14
11회 이상~20회 이하	8
21회 이상~30회 이하	5
31회 이상~40회 이하	2
41회 이상~50회 이하	3
51회 이상~60회 이하	1
61회 이상	0

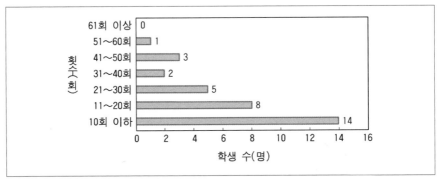

| 그림 3-1 | 윗몸 일으키기 체력 측정 결과

위 표에서 '인원'의 변량의 크기는 1열의 '횟수'라는 계급에 해당하는 빈도(도수)를 나타낸다. 그림 3-1 그래프는 빈도 분포그래프가 된다.

2) 평균

집단의 전체 자료의 값을 모두 더한 다음 통계 단위의 총합으로 나눈 값이다. 평균은 집단에 대해 중심값과 같은 뜻을 가진다.

• 수로 표기된 자료에서 평균 구하기

$$\text{평균} = \frac{\text{자룟값의 총합}}{\text{통계 단위의 총합}}$$

• 표에서 평균 구하기

$$\text{평균} = \frac{\text{계급값} \times \text{빈도(도수)의 총합}}{\text{빈도(도수)의 총합}}$$

3) 백분율

백분율은 전체 수량을 100으로 했을 때, 나타내려는 수량이 100 중에 어느 정도 수인가를 나타낸다. 기호로는 '%'를 사용한다. 기호를 퍼센트라고 읽는데 그 안에 백분율의 정의가 있다. 'per(퍼)' + 'cent(센트)'에서 per는 '~당'을 뜻하고, cent는 '100'을 뜻한다. 그래서 'percent'는 '(숫자) 100당~', 즉 나타내는 수량은 100개 중에 ~개를 뜻하게 된다.

$$백분율(\%) = \frac{부분\ 수량}{전체\ 수량} \times 100$$

사례 ❷

기본 통계

※ 다음은 정원이 30명인 한 학급의 성적을 나열한 것이다. 이를 보고 이어지는 물음에 답하시오. (1~3)

> 98, 85, 78, 46, 75, 85, 65, 88, 55, 95, 96, 92, 82, 60, 41, 72, 46, 92, 98, 99, 75, 76, 87, 54, 78, 72, 89, 82, 86, 90

1 이 학급의 평균 점수를 구하시오.

2 이 학급의 성적으로 다음 표를 완성하시오.

(단위: 점, 명)

점수(계급)	학생 수(빈도, 도수)
0 이상~10 이하	
11 이상~20 이하	
21 이상~30 이하	
31 이상~40 이하	
41 이상~50 이하	

51 이상~60 이하	
61 이상~70 이하	
71 이상~80 이하	
81 이상~90 이하	
91 이상~100	
합계	

3 문제 2에서 작성한 표를 이용해 다음 표를 완성하고 학급의 평균 점수를 구하시오.

(단위: 점, 명)

점수(계급)	계급값	학생 수(빈도, 도수)
0 이상~10 이하		
11 이상~20 이하		
21 이상~30 이하		
31 이상~40 이하		
41 이상~50 이하		
51 이상~60 이하		
61 이상~70 이하		
71 이상~80 이하		
81 이상~90 이하		
91 이상~100		
합계		

평균 점수:

※ 다음 표를 보고 이어지는 물음에 답하시오. (4~5)

턱걸이 체력 측정 결과표

횟수(회)	인원(명)
10회 이하	14
11회 이상~20회 이하	8

21회 이상~30회 이하	5
31회 이상~40회 이하	2
41회 이상~50회 이하	3
51회 이상~60회 이하	1
61회 이상	0

4 턱걸이 횟수가 21회~30회의 변량 인원은 전체 인원에 대해 약 몇 %인가?

5 도수가 가장 큰 계급의 백분율을 구하시오.

풀이

1. ① 자룻값의 총합은 30명의 성적을 다 더한 2,337(점)이다.
   ② 통계 단위의 총합은 30명이므로 평균을 구하면
   ③ 평균 $= \dfrac{\text{자룻값의 총합}}{\text{통계 단위의 총합}} = \dfrac{2,337}{30} \simeq 77.9$
   따라서 학급의 평균은 77.9점이다.

2.   (단위: 점, 명)

점수(계급)	학생 수(빈도, 도수)
0 이상~10 이하	0
11 이상~20 이하	0
21 이상~30 이하	0
31 이상~40 이하	0
41 이상~50 이하	3
51 이상~60 이하	3
61 이상~70 이하	1
71 이상~80 이하	7
81 이상~90 이하	8
91 이상~100	8
합계	30

3.

(단위: 점, 명)

점수(계급)	계급값	학생 수	계급값×학생 수
0 이상~10 이하	5	0	0
11 이상~20 이하	15.5	0	0
21 이상~30 이하	25.5	0	0
31 이상~40 이하	35.5	0	0
41 이상~50 이하	45.5	3	136.5
51 이상~60 이하	55.5	3	166.5
61 이상~70 이하	65.5	1	65.5
71 이상~80 이하	75.5	7	528.5
81 이상~90 이하	85.5	8	684
91 이상~100	95.5	8	764
합계		30	2,345

① 0 이상~10 이하 계급값 구하기

　　0, 1, 2, 3, 4, 5, 6, 7, 8, 9, 10의 중앙에 있는 값은 5이므로 계급값은 5

② 11 이상~20 이하 계급값 구하기

　　11, 12, 13, 14, 15, 16, 17, 18, 19, 20의 중앙은 15와 16 사이에 있다.

　　$\dfrac{15+16}{2} = \dfrac{31}{2} = 15.5$ 계급값은 15.5이다.

③ ②와 같은 방법으로 다른 계급의 계급값을 구한다.

④ 표에서 자룟값의 총합은 계급값×빈도(도수)이므로

　　$(45.5 \times 3) + (55.5 \times 3) + (65.5 \times 1) + (75.5 \times 7) + (85.5 \times 8) + (95.5 \times 8)$
　　$= 2,345$

⑤ 빈도수의 총합은 30이므로

　　평균 $= \dfrac{2,345}{30} \simeq 78.2$

따라서 평균점수는 78.2이다.

4. 턱걸이 횟수가 21회~30회의 변량은 5명이다.

　　전체 인원은 33명이므로

　　백분율(%) $= \dfrac{\text{부분 수량}}{\text{전체 수량}} \times 100$에 대입하면

　　$\dfrac{5}{33} \times 100 \simeq 15.15$

따라서 21회~30회를 기록한 인원은 전체 인원의 약 15.15%이다.

5. 인원이 가장 많은 계급은 10회 이하로 14명이다.

　　10회 이하인 계급의 백분율은 $\dfrac{14}{33} \times 100 \simeq 42.42$이므로

　　도수가 가장 큰 계급의 백분율은 42.42%이다.

제2절 통계 대푯값

■ 통계의 대푯값

통계 자료는 양이 많고 크기가 다양한 자료들로 구성되어 있다. 이 수량을 하나의 숫자로 자료의 특징을 나타낼 수 있는 값이 바로 대푯값이다. 그 종류로는 평균, 중앙값, 최빈값이 있다.

1) 평균

집단의 전체 자료의 값을 모두 더한 다음 통계 단위의 총합으로 나눈 값이다. 평균은 집단에 대해 중심값과 같은 뜻을 가진다.

2) 중앙값

자료를 작은 값부터 큰 값으로 나열했을 때 가운데에 있는 값을 말한다.

1. 자료의 개수가 홀수(n)일 경우

   중앙값은 $\dfrac{n+1}{2}$번째의 자룟값이다.

   1, 3, 5, 8, 11의 경우 중앙값은 자료의 개수가 5개이므로 $n=5$, $\dfrac{6}{2}=3$번째 자룟값인 5가 중앙값이다.

2. 자료의 개수가 짝수(n)일 경우

   중앙값은 $\dfrac{n}{2}$번째 자룟값과 $\dfrac{n}{2}+1$번째의 자룟값의 평균값이다.

   1, 3, 5, 7, 8, 11의 경우 중앙값은 자료의 개수가 6개이므로 $n=6$, $\dfrac{6}{2}=3$번째 자룟값 5와 $\dfrac{6}{2}+1=4$번째 자룟값 7의 평균인 $\dfrac{5+7}{2}=6$이 중앙값이다.

3) 최빈값

자료 중에 가장 자주 나타나는 값, 즉 빈도(도수)가 가장 높은 값이다.

> 1, 5, 3, 6, 6, 8, 4, 2, 6의 최빈값은 6이다.

2 분산과 표준 편차

자료에서 바로 분산과 표준 편차를 구할 수는 없다. 분산과 표준 편차는 일정한 과정을 통해야만 찾을 수 있는 것으로 다음 그림과 같은 과정을 거쳐야 한다. 평균 구하기는 이미 학습했으므로 A, B, C가 세 개의 자료일 때 편차를 구하는 방법부터 설명하고자 한다.

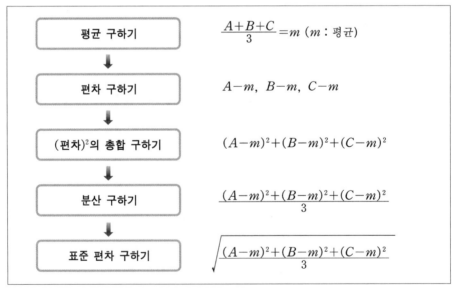

평균 구하기 $\dfrac{A+B+C}{3}=m$ (m : 평균)

편차 구하기 $A-m$, $B-m$, $C-m$

(편차)^{2}의 총합 구하기 $(A-m)^2+(B-m)^2+(C-m)^2$

분산 구하기 $\dfrac{(A-m)^2+(B-m)^2+(C-m)^2}{3}$

표준 편차 구하기 $\sqrt{\dfrac{(A-m)^2+(B-m)^2+(C-m)^2}{3}}$

| 그림 3-2 | 표준 편차 구하기

1) 범위

분포의 흩어진 정도를 간단하게 알아보는 방법이다. 자료의 최댓값에서 최솟값 사이를 범위라고 한다.

> 범위 = 자료 중 최댓값 − 자료 중 최솟값

> 한 반에서 가장 큰 키를 가진 학생은 187cm이고 가장 작은 학생은 161cm이다. 이때, 이 반 학생들의 키의 범위는 얼마인가?
>
> 범위 = 187 − 161 = 26
>
> 이 반의 학생들은 187cm에서 161cm인 26cm 범위 안에 들어 있다.

2) 편차

수학이나 통계학에서 편차는 자룻값과 평균의 차이를 나타내는 값이다. 편차는 평균을 중심으로 자료들이 어떻게 분포하고 있는가를 알 수 있다. 자룻값이 평균보다 크면 편차는 양의 값, 자룻값이 평균보다 작으면 편차는 음의 값을 갖는다. 편차의 크기는 자룻값과 평균값 차이의 크기를 나타낸다. 편차의 합은 항상 0이다.

> 편차 = 자룻값 − 평균

수행평가 결과표

학생번호	점수	편차
1	8	1
2	6	−1
3	9	2
4	8	1
5	7	0
6	5	−2

7	0	−7
8	8	1
9	9	2
10	10	3
계	70	0

1. 평균 구하기

$\dfrac{70}{10} = 7$

2. 편차 구하기

편차＝자룟값−평균이므로

① 1번 학생의 편차: $8-7=1$

② 2번 학생의 편차: $6-7=-1$

③ 3번 학생의 편차: $9-7=2$

④ 4번 학생의 편차: $8-7=1$

⑤ 5번 학생의 편차: $7-7=0$

⑥ 6번 학생의 편차: $5-7=-2$

⑦ 7번 학생의 편차: $0-7=-7$

⑧ 8번 학생의 편차: $8-7=1$

⑨ 9번 학생의 편차: $9-7=2$

⑩ 10번 학생의 편차: $10-7=3$

3. 검산

'편차의 합은 0이다'를 이용해 편차 계산이 맞는지 확인한다.

3) 분산

자료가 평균값에서 얼마나 퍼져 있는지를 알려준다. 분산은 항상 양의 값을 가지며, 분산이 크면 자료는 평균에서 멀리 퍼져 있고, 0에 가까울수록 평균에 가깝다.

$$분산 = \frac{(편차)^2의\ 총합}{자료의\ 개수}$$

수행평가 결과표

학생번호	점수	편차	(편차)²
1	8	1	1
2	6	−1	1
3	9	2	4
4	8	1	1
5	7	0	0
6	5	−2	4
7	0	−7	49
8	8	1	1
9	9	2	4
10	10	3	9
계	70	0	74

1. (편차)² 구하기

① 학생 1의 (편차)² : $(1)^2 = 1$

② 학생 2의 (편차)² : $(-1)^2 = 1$

③ 학생 3의 (편차)² : $(2)^2 = 4$

⋮ ⋮

⑩ 학생 10의 (편차)² : $(3)^2 = 9$

2. 분산 구하기

$$분산 = \frac{(편차)^2의 \ 총합}{자료의 \ 개수}$$

$$분산 = \frac{74}{10} = 7.4$$

4) 표준 편차

자료가 평균에서 얼마나 퍼져 있는가를 나타내는 대표적인 값이다. 표준 편차의 단위는 자료의 단위와 같다. 표준 편차가 0에 가까울수록 평균 근처에 자룃값들이 모여 있음을 뜻한다. 즉, 자룃값들 사이에 차이가 작음을 뜻한다.

$$표준 \ 편차 = \sqrt{분산}$$

수행평가 결과표

학생번호	점수	편차	편차^2
1	8	1	1
2	6	−1	1
3	9	2	4
4	8	1	1
5	7	0	0
6	5	−2	4
7	0	−7	49
8	8	1	1
9	9	2	4
10	10	3	9
계	70	0	74

1. 표준 편차 구하기

 표준 편차$= \sqrt{분산} \simeq \sqrt{7.4}$

2. 표준 편차$= \sqrt{7.4} \simeq 2.72$

 표준 편차는 2.72점이다.

탐구활동

정답 및 해설 p.238

※ 다음은 학생들이 1개월 동안 읽은 책의 권수를 조사한 표이다. 이를 보고 이어지는 물음에 답하시오. (1~5)

권수(권)	학생수(명)	계급값	계급값×빈도	편차	(편차)²	(편차)²×빈도
0 이상~2 미만	8					
2 이상~4 미만	3					
4 이상~6 미만	6					
6 이상~8 미만	2					
8 이상~10 미만	1					
합계	20					

1. 각 계급의 계급값을 구하시오.

2. 평균을 구하시오.

$$평균 = \frac{(계급값 \times 빈도)의\ 총합}{빈도의\ 총합}$$

3. 편차를 구하시오.

$$편차 = 계급값 - 평균$$

4. 분산을 구하시오.

$$분산 = \frac{((편차)^2 \times 빈도)의\ 총합}{빈도의\ 총합}$$

5. 표준 편차를 구하시오.

$$표준\ 편차 = \sqrt{분산}$$

사례연구

백분율의 양면

백분율은 전체의 양을 100으로 했을 때, 그중에 얼마큼이나 어떠한 일이 발생하고 있는지를 알려주는 비율이다. 예를 들어 "A국이 월드컵 경기의 결승전에 올라갈 확률은 10%이다."라고 하면 100번 시도하면 10번 결승에 올라간다는 이야기가 된다. 희망적인 관점에서 봤을 때 10%는 가능성이 크다고 보겠고, 부정적인 관점에서는 10에 9는 실패한다고 볼 것이다.

이런 백분율은 누가 어떤 경우에 주장하느냐에 따라 긍정적인 면과 부정적인 면이 달라진다. 2016년 발생한 삼성전자 갤럭시 노트7의 배터리 폭발 사고는 부정적인 후유증을 남겨 삼성전자의 프리미엄 제품에 대한 기업의 신뢰도가 많이 나빠진 경우이다.

외국의 모 언론사가 삼성 갤럭시 노트7의 폭발 확률에 대한 보도를 내면서 삼성이 나름 잘 대처한 반면에, 너무 민감하게 반응했다는 평을 냈었다. 주장의 근거는 배터리 폭발 사고 확률이 번개에 맞을 확률인 0.008%~0.009%에 불과했고, 동사할 확률인 0.02%보다 낮았다는 것이다.

그럼 다른 시각으로 보자. 갤럭시 노트7의 국내 판매량을 50만 대로 보고 있다고 하자. 그 판매량은 번개 맞을 확률에 적용해 보면 40대 정도로 미비한 숫자이지만 언제 어떻게 폭발할지 모르는 상황이므로 불안감을 준다.

삼성전자의 입장에서는 50만 대 중 40대 정도로 아주 미비하다고 할 것이고, 소비자 입장에서는 불안감을 느끼는 것이다. 입장에 따라 결과에 대한 해석이 이렇게 달라진다.

다른 이야기를 해보면, 암 환자들이 최후의 수단으로 임상 실험 중인 약을 선택하는 경우가 있다. 수술도 불가하고 예후도 좋지 않은 경우에 선택하는 경우가 많다. 예를 들면, B제약사에서 10%의 효능을 보이는 신약을 개발하여 환자에게 공급한다고 하자. 환자 입장에서는 절망만 남아있었는데 암을 치료할 가능성이 10%라도 있다면 한 가닥 희망의 빛이 보인다고 할 것이고, 부정적인 시각으로 보는 사람들은 겨우 10%라고 할 것이다. 동일한 10%인데 이처럼 시각차가 크다.

우리가 통계 자료를 이용할 때는 이처럼 양면의 입장에서 잘 생각해야 한다. 자신만의 편협한 기준으로 문제에 접근한다면 논리적인 설득 자료로서 그 통계의 가치는 떨어진다. 그래서 동전의 양면을 잘 따져서 과학적이고 객관적이며 논리적으로 통계를 이용하는지 검토하여야 한다.

교육적 시사점

- 통계치는 동전의 양면처럼 시각차에 따라 다른 해석이 가능하다.
- 주관적인 판단이 아닌 객관적인 판단을 하려면 여러 분야에 걸쳐 연관 있는 통계 자료가 필요하다.
- 객관적이고 과학적이며 논리적인 입장에서 통계 자료를 활용하여야 한다.

제3절 다섯 숫자 요약(five number summary)

■ 다섯 숫자란?

평균과 표준 편차만으로는 원 자료의 전체적인 형태를 파악하기 어렵기 때문에 최솟값, 중앙값, 최댓값, 하위 25%값, 그리고 상위 25%값을 활용한다. 이를 다섯 숫자 요약이라고 한다.

1) 최솟값(m, minimum)

자룟값 중에서 가장 작은 크기의 값이다.

2) 중앙값(Q_2)

자룟값 중에서 정확하게 중앙에 있는 값이다.

3) 최댓값(M, Maximum)

자룟값 중에서 가장 큰 크기의 값이다. 4사분위수로는 2사분위이고, 백분위수로는 제50백분위수이다.

4) 하위 25%값(Q_1) 또는 1사분위수(Q_1)

자룟값을 작은 값부터 큰 값까지 나열한 후 4등분했을 때 가장 작은 값으로부터 25%에 해당하는 값을 말한다. 백분위수로는 제25백분위수이다.

5) 상위 25%값(Q_3) 또는 3사분위수(Q_3)

가장 큰 값으로부터 상위 25%에 해당하는 값을 말한다. 백분위수로는 제75백분위수이다.

위 다섯 숫자를 도표로 표시하면 다음과 같다.

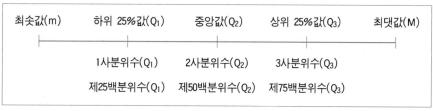

| 그림 3-3 | **다섯 숫자 요약**

2 평균값과 중앙값

평균값이나 중앙값을 표본 집단의 대푯값으로 두 값이 같을 때는 문제가 없으나, 다를 경우에는 평균값을 대푯값으로 사용할 수 있는가에 대한 고려가 필요하다. 이런 경우에는 평균값인지 중앙값인지 명확하게 제시해 주어야 한다. 우리가 통곗값을 제시할 때는 평균값과 중앙값 모두 같은 중요도로 활용할 필요가 있다.

사례 ❸

다섯 숫자 요약

※ 다음은 정원이 30명인 한 학급의 성적을 나열한 것이다. 이를 보고 이어지는 물음에 답하시오. (1~5)

98, 85, 78, 46, 75, 85, 65, 88, 55, 95, 96, 92, 82, 60, 41, 72, 46, 92, 98, 99, 75, 76, 87, 54, 78, 72, 89, 82, 86, 90

1 최솟값은 얼마인가?

2 최댓값은 얼마인가?

3 중앙값은 얼마인가?

4 1사분위수 값은 얼마인가?

5 3사분위수 값은 얼마인가?

풀이

위 문제들을 쉽게 풀기 위해서는 학생들의 성적은 작은 수부터 높은 수로 정리해야 한다.

41, 46, 46, 54, 55, 60, 65, 72, 72, 75, 75, 76, 78, 78, 82, 82, 85, 85, 86, 87, 88, 89, 90, 92, 92, 95, 96, 98, 98, 99

1. 최솟값은 41이다.

2. 최댓값은 99이다.

3. 개수가 30개이므로 $\dfrac{30}{2} = 15$번째 숫자와 $\dfrac{30}{2} + 1 = 16$번째 숫자의 평균값을 찾아야 한다. 15번째 수는 82이고 16번째 수도 82이므로 중앙값은 82이다.

4. 작은 수에서 25%에 해당하는 숫자로서 $\dfrac{30}{4} = 7.5$이므로 8번째 숫자인 72이다.

5. 작은 수에서 75%에 해당하는 숫자로서 $\dfrac{3 \times 30}{4} = \dfrac{90}{4} = 22.5$이므로 23번째 숫자인 90이다.

탐구활동

※ 같이 수업을 듣는 학생 10명의 신발 사이즈를 조사하고 이어지는 물음에 답하시오.
(1~6)

학생 이름	신발 사이즈(mm)
합계	

1. 최솟값은 얼마인가?

2. 최댓값은 얼마인가?

3. 중앙값은 얼마인가?

4. 1사분위수 값은 얼마인가?

5. 3사분위수 값은 얼마인가?

6. 평균값은 얼마인가?

정답 및 해설 p.238

※ 다음은 성·연령별 사망률 추이를 나타낸 표이다. 이를 보고 이어지는 물음에 답하시오.
(1~3)

성·연령별 사망률 추이(2005~2015년)

(단위: 인구 10만 명당, %)

연령(세)	남녀 전체				
	2005년	2014년	2015년	2014년 대비	
				증감	증감률
전체	501.0	527.3	541.5	14.1	2.7
0	420.8	310.2	281.9	−28.4	−9.1
1~9	21.9	11.8	11.8	0.1	0.5
10~19	22.2	18.2	15.5	−2.7	−14.8
20~29	53.6	39.2	39.7	0.5	1.3
30~39	95.2	75.7	70.6	−5.1	−6.8
40~49	237.2	165.8	161.2	−4.6	−2.8
50~59	508.0	372.4	352.9	−19.6	−5.3
60~69	1,245.1	781.7	758.5	−23.1	−3.0
70~79	3,356.4	2,358.0	2,333.6	−24.4	−1.0
80 이상	10,956.5	8,597.5	8,584.7	−12.8	−0.1

※ 연령별 사망률은 1~9세와 20대를 제외한 대부분 연령층에서 감소함

1 계급의 개수를 구하시오.

2 계급의 크기를 구하시오.

3 각 계급에서의 계급값을 구하시오.

※ 다음 문장의 오류를 수정하시오. (4~5)

4 대한민국 남성의 키는 178cm이다.

5 대한민국 40대 남녀가 책에 관하여 가족끼리 대화하는 시간은 24분이다.

※ 다음은 어느 반의 학생 20명이 가지고 다니는 펜의 수량을 조사한 표이다. 이를 보고
  이어지는 물음에 답하시오. (6~7)

펜의 수량(개)	학생 수(명)
1	7
2	8
3	3
4	2
5개 이상	0

6 학생들이 가지고 다니는 펜 개수의 평균값은 (   )개다.

7 학생들이 가지고 다니는 펜 개수의 중앙값은 (   )개다.

8 다음에 제시된 자료로부터 최솟값, 중앙값, 최댓값, 하위 25%값, 상위 25%값과 평
  균값을 구하시오.

| 80 | 85 | 91 | 63 | 72 | 92 | 77 | 67 | 62 | 82 |
| 68 | 87 | 73 | 81 | 78 | 71 | 79 | 65 | 99 | 70 |

다섯 숫자 요약	값
최솟값	
중앙값	
최댓값	
하위 25%값	
상위 25%값	

평균값 :

통계의 오류와 과장

2016년 여름에 증강현실(AR)게임인 포켓몬고 열풍이 대단해 뉴스에 많이 오르내린 적이 있었다. 당시 우리나라에는 정식으로 출시된 게임이 아니어서 일본 GPS의 영향을 받는 속초와 양양 일대에 포켓몬고 게임을 하려는 사람들이 대거 몰려들었다.

외국에서는 포켓몬고가 지역 경제를 활성화시킨다는 통계 때문에 자신의 지역에 유치하려고 엄청난 러브콜을 보냈다고 한다. 하지만, 미국 경제지 『포브스』는 이러한 통계는 통계학적 오류와 과장된 해석이라는 보도를 실었었다.

데이터 분석가 제이슨 슈의 말을 인용하여 포켓스톱 주변 상권의 매출이 2,000달러 상승하였고 주변의 교통량이 80% 증가했다는 것은 다른 이유를 무시한 통계학적 오류 때문이라는 것이다. 그는 그 데이터가 조사되는 시기가 휴가철과 맞물렸고, 평년에도 그 시기에 유동 인구가 많아져 매출액과 교통량이 증가하는 현상이 있어 왔다고 했다.

즉 매년 비슷한 시기에 매출과 교통량이 늘었음에도 그 사실을 무시하고 오로지 포켓몬고에서 원인을 찾았다는 것이다.

이처럼 통계 자료를 만들 때는 발생할 수 있는 모든 변수를 열어 놓고 그 가능성을 예측하여야 한다. 예를 들면 수출에 대한 계획서를 만들 때는 경제, 문화, 정치적 상황까지 고려해 향후 환율의 변화나 물류비에 영향을 미칠 유가 변동에 대한 정보도 수집해서 적용해야 한다. 물론 상대국에 대한 정보도 필요하다.

현대 사회는 다양하고 신뢰할 수 있는 정보와 그 정보를 분석할 수 있는 전문가, 그리고 다양한 현상을 객관적이고 과학적으로 읽어 낼 수 있는 통계 전문가들이 요구되고 있다. 직장인으로 업무를 수행할 때, 편협한 시각으로 판단하는 오류를 범하지 말고 항상 냉철하게 세상의 흐름을 정확히 읽는 전문가로 성장하길 바란다.

학/습/정/리

1. 통계는 사회 현상 또는 자연 현상의 상황을 양적인 숫자로 나타낸 것이다.

2. 업무를 수행할 때 통계를 이용함으로써 얻을 수 있는 이득은 다음과 같다.
   ① 많은 수량적 자료를 처리 가능하고 쉽게 이해할 수 있는 형태로 정리 가능
   ② 표본 집단을 통해 연구 대상 집단의 특성을 유추 가능
   ③ 의사 결정의 보조 수단 및 근거
   ④ 논리적 결론 추출 및 검증을 할 수 있는 기반

3. 업무를 수행할 때 필요한 기본적인 통계 기법인 범위, 평균, 분산, 표준 편차 등의 정의와 방법을 숙지하고 있어야 한다.

4. 평균은 집단을 대표하는 값으로 집단의 전체 자료의 값을 모두 더한 다음 통계 단위의 총합으로 나눈 값이고, 중앙값은 자료를 작은 값부터 큰 값으로 나열했을 때 가운데에 있는 값을 말한다.

5. 분산은 자료가 평균값에서 얼마나 퍼져 있는지를 알려 주는 지표로 항상 양의 값을 가진다. 분산이 크면 자료는 평균에서 멀리 퍼져 있고, 0에 가까울수록 평균에 가깝다. 표준 편차는 자료가 평균에서 얼마나 퍼져 있는가를 나타내는 대표적인 값으로 표준 편차의 단위는 자료의 단위와 같다. 0에 가까울수록 평균 근처에 자룟값들이 모여 있음을 뜻한다.

6. 원 자료의 전체적인 형태를 파악하기 위한 다섯 숫자 요약(최솟값, 중앙값, 최댓값, 하위 25%값, 상위 25%값)을 이해하여 효과적으로 이용할 수 있어야 한다. 또한 통곗값을 제시할 때 평균값과 중앙값은 모두 중요하다.

NCS
직업기초능력평가

수리
능력

도표분석능력

제**4**장
도표분석능력

▶▶ 학습 목표

구분	학습 목표
일반 목표	작장 생활에서 도표 (그림, 표, 그래프 등)의 의미를 파악하고 필요한 정보를 해석하는 능력을 기를 수 있다.
세부 목표	1. 직업인으로 업무를 수행하는 데 필요한 도표의 종류를 설명할 수 있다. 2. 직업인으로 업무를 수행하는 데 필요한 다양한 종류의 도표에 대한 각각의 특징을 설명할 수 있다. 3. 직업인으로 업무를 수행하는 데 필요한 다양한 종류의 도표를 분석하여 의미를 찾아낼 수 있다.

▶▶ 주요 용어 정리

도표(圖表, graph, chart, diagram)

주어진 자료(data)를 분석하여 그 변화를 한눈에 알아보기 쉽게 나타내는 직선이나 곡선 또는 주어진 함수가 나타내는 직선이나 곡선을 도표(그래프의 순화어)라 한다.

표(表, table)

주어진 자료(data)를 일정한 형식과 순서에 따라 보기 쉽게 나타낸 것을 표라고 한다. 가로 방향의 줄을 행이라고 하고 세로 방향의 줄을 열이라고 한다.

층별그래프(누적그래프)

띠를 구성하고 있는 구성 요소의 구성비를 나타내는 그래프로 변량의 축에 따라 가로 층별그래프와 세로 층별그래프로 나뉜다. 또한 전체 양에 대한 비율을 보여 주는 층별그래프와 전체 양을 100% 기반으로 구성 비율을 보여 주는 100% 기반 누적그래프가 있다.

선그래프(꺾은선그래프, 절선그래프)

선그래프는 가로축과 세로축의 값을 표시하는 점을 선분으로 이어 나타내는 그래프로 미래의 추이를 볼 수 있는 그래프이다. 그래서 시간의 흐름에 따른 변량이 변화하는 경향을 나타내는 데 많이 사용된다.

점그래프(분포그래프)

가로축과 세로축의 값에 점을 찍어 표시하는 그래프로 통계학적으로 분포도를 나타낸다.

레이더 차트(거미줄그래프, 방사형그래프)

다양한 구성 요소의 경향과 특징을 비교하는 데 적합하다. 원의 중심에서 멀어질수록 높은 값을 나타낸다.

제1절 도표란?

1 도표

도표는 자료의 분석 결과 또는 작업의 진행 절차나 흐름을 한눈에 알아보기 쉽도록 그림으로 나타낸 정보를 말한다. 도표는 세밀한 정보를 파악하기는 어렵지만 다른 항목과의 비교, 판단에는 도움이 많이 된다.

대표적인 도표에는 표와 그래프가 있다. 표는 일정한 집단으로 묶일 수 있는 공통적인 규칙성이 있는 값과 그 값에 대응한 수량, 정보 등으로 구성된다. 생활 계획표, 열차 시간표, 견적서, 영수증 등이 대표적이다. 친구들의 연락처를 정리한 주소록의 경우, 이름 하위 자료인 전화번호, 주소, 이메일 주소, 생년월일을 정리해 놓을 수 있다. 이러한 정보들이 문장으로 나열되어 있다면 보기에도 복잡하고 검색도 어려울 것이다. 하지만 표로 정리하여 이름의 규칙성(일반적으로 가나다순)에 따라 분류해 놓으면 알아보기도 편리할뿐더러 관리하는 것도 쉽다.

그래프는 여러 가지 자료를 분석하여 그 변화를 한눈에 알아볼 수 있도록 직선이나 곡선, 막대 등의 형태로 나타낸 것을 말한다. 표에 비해 시각적 요소가 더 강하고 전달력이 빠른 장점이 있다.

1) 도표의 특성

① 높은 가독성

많은 양의 자료가 글로 나열되어 있다고 생각해 보자. 예를 들어, 한 반 학생들의 이름과 전화번호, 주소가 규칙성 없이 나열되어 있다면, 원하는 학생의 정보를 찾는 데 시간이 많이 걸리기도 하고, 읽을 때도 혼돈을 빚기 쉽다. 따라서 행과 열로 정리된 표를 사용하면 쉽게 그 학생과 관련된 자료를 찾을 수 있다.

② 간소화된 표현

이 책의 사례들을 보면 많은 정보들이 담겨 있다. 그중 4장, 5장의 경우 도표 사용이 많은데 그 이유는 표에 비해 정밀성은 떨어지지만 도표로 표현할 경우 복잡한 정보 대신 압축되고 간소화된 정보 전달로 빠르게 원하는 바를 전달할 수 있기 때문이다. 즉 잘 만들어진 도표는 정확한 key point만 정리되어 있어 불필요한 정보를 전달하지 않는다고 할 수 있다.

③ 뛰어난 시각적 자료

컴퓨터 프로그램을 제작할 때 사용하는 순서도와 프레젠테이션을 할 때 사용하는 삽화나 집합 그림, 다이어그램도 도표의 일종이다. 도표는 아주 우수한 시각적 자료로서 대상이 어릴수록, 다루는 내용이 어려울수록 많이 활용하게 된다.

동일한 내용인『어린왕자』라도 성인을 위한 책과 어린이를 위한 책에 삽입된 삽화의 양이 다르다. 복잡한 기계의 사용법을 담은 설명서도 삽화가 많이 있으면 이해하기 한결 수월하다. 바로 이런 이유에서 많은 직업인, 학생, 연구원 등이 각종 표와 도표를 많이 사용하여 자료를 정리하는 것이다.

2) 도표의 분류

도표는 사용 목적과 용도에 따라 다음과 같이 분류된다. 도표를 작성하고 해석할 때 가장 중요한 점은 바로 '어떤 목적으로 도표를 사용하는가'이다.

| 표 4-1 | **도표의 분류**

목적	용도
• 관리용 (계획 및 통계) • 해설용(분석) • 보고용	• 경과 그래프 • 내역 그래프 • 비교 그래프 • 분포그래프 • 상관 그래프 • 계산 그래프 • 기타 그래프

알아 두기

최초의 도표는?

도표는 1736년 프로이센의 쾨니히스베르크에 있는 7개의 다리 문제를 해결하기 위해서 레온 하르트 오일러(Leonhard Euler)가 최초로 사용했다고 알려져 있다.

오일러는 두 개의 섬과 일곱 개의 다리로 구성된 지역인 독일 쾨니히스베르크의 거리를 걷고 있을 때, 사람들이 모여서 7개의 다리를 꼭 한 번씩 차례로 건널 수 있는가를 논쟁하고 있었다. 오일러는 간단하게 불가능하다고 답하고, 불가능한 이유를 자세히 설명해 주었다고 한다. 이를 '쾨니히스베르크의 다리 문제'라 하며, 오늘 날의 '한 붓 그리기'와 같은 문제를 풀 수 있는 위상기하학이라는 분야의 태동을 알리는 문제였다.

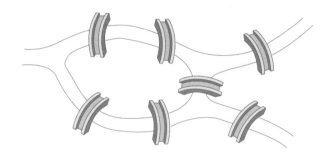

최초의 좌표는?

최초의 좌표는 데카르트(Descartes)에 의해 한 점의 위치를 어떻게 나타낼 수 있을지를 고민한 결과 만들어졌다.

데카르트가 좌표를 생각해 낸 까닭은 군 생활 중 방 안에서 윙윙거리며 날고 있는 파리의 위치를 3개의 숫자를 이용해 표시할 수 있다는 생각이 들었기 때문이다. 이 세 수는 벽과 천정이 교차하는 모서리에서 파리가 있는 곳까지의 거리에 해당한다는 사실을 깨달았다. 즉, 3차원 그래프인 $x-y-z$ 좌표계를 생각해 낸 것이다. 그래프상의 한 점을 두 수(x, y)로 평면 위에 나타낼 수 있는데 이를 데카르트 좌표라 한다.

탐구활동

1. 제일 좋아하는 책 10권의 도서명, 저자명, 출판사, 출간 연도를 조사하여 다음 표를 완성하시오.

도서명	저자명	출판사	출간 연도

2. 아침에 잠자리에서 일어난 후 학교를 가기 위해 준비하는 과정을 다음 그림처럼 그려 보시오.

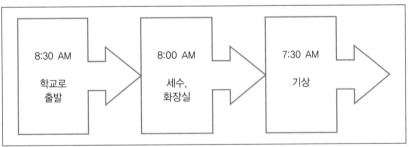

제2절 도표의 종류와 특징

1 도표 형상에 따른 종류

도표는 형상에 따라 7개 종류로 나눌 수 있다. 이들 도표는 각각 고유의 특징이
있어서, 표현하고자 하는 자료의 성질이나, 목적에 따라 적절하게 선택해서 작성하
여야 한다.

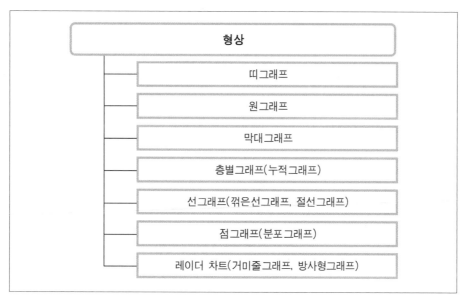

| 그림 4-1 | **도표 형상의 종류**

1) 띠그래프

띠그래프는 비율그래프의 한 종류로 전체에 대해서 부분의 비율을 한눈에 볼
수 있도록 넓이로 나타낸 그래프이다. 전체가 100%일 때, 각 부분이 차지하는
비율(%)을 넓이로 나타낸다.

사례 ❶

아이튠즈에서 저장 공간 보기

아이튠즈를 실행한 후 아이폰 또는 아이패드에서 인식시키면 간략하게 요약된 정보를 볼 수 있다. 많은 항목 중에서 아래쪽 그래프가 띠그래프이다. 아이폰의 전체 저장 용량이 32GB이고 오디오, 사진, 도큐멘트 및 데이터, 기타, 그리고 사용 가능한 공간 등이 비율에 맞게 각각 다른 색상으로 띠로 칠해져 있으며 항목이 명시되어 있다. 이를 통해, 전체 용량 중 어느 항목이 얼마큼의 용량을 사용하고 있는지 간단하게 비교할 수 있다.

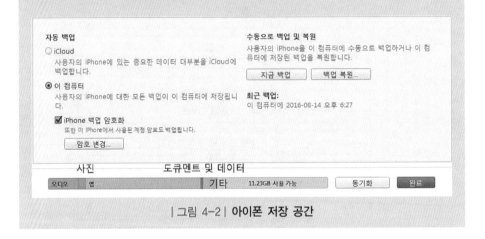

| 그림 4-2 | **아이폰 저장 공간**

2) 원그래프

원그래프는 비율그래프의 한 종류로 전체 원의 넓이에 대해 각 항목이 차지하고 있는 넓이(비율)를 비교하여 한눈에 볼 수 있도록 한 그래프이다.

사례 ❷

휘발유 판매 금액 구성비

오피넷의 검색을 통해 국내 일반 휘발유의 판매가와 공급가를 조사하였다. 공급가는 정유가의 공급가인 세전 금액과 교통세, 주행세, 교육세, 부가가치세인 세금으로 구성되어 있고, 판매가는 공급가에 주유소까지의 물류비와 주유소의 유통 마진이 더해서 결정되었다.

2008년 7월의 일반 휘발유 판매가는 다음과 같이 결정되었다.

판매가	1,992.59원
세전 금액	927.16원
유통 비용 및 마진	235.45원
교통·에너지·환경세	472.00원
교육세	70.80원
주행세	127.44원
부가세	159.74원
세액 합계	829.98원

위 내용을 원그래프로 작성하면 다음과 같다.

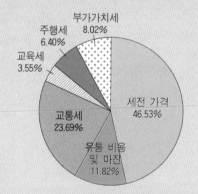

| 그림 4-3 | 2008년 7월 휘발유 판매 금액 구성비

이처럼 원그래프는 하나의 항목에 대해 그 구성 요소가 차지하는 비율을 원의 넓이로 보여 주는 도표이다.

3) 막대그래프

수량의 많고 적음을 막대의 길이를 이용하여 나타내는 그래프로 막대를 수직으로 나타낸 그래프는 수직 막대그래프라 하고 막대를 수평으로 나타낸 그래프는 수평 막대그래프라 한다.

사례 ❸

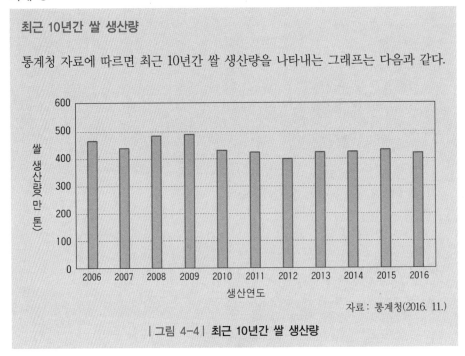

최근 10년간 쌀 생산량

통계청 자료에 따르면 최근 10년간 쌀 생산량을 나타내는 그래프는 다음과 같다.

자료 : 통계청(2016. 11.)

| 그림 4-4 | **최근 10년간 쌀 생산량**

4) 층별그래프

하나의 막대(명칭 구분)를 구성하는 다양한 구성 항목을 비율(%)에 따라 다른 색상 또는 기호로 보여 주는 그래프이다. 그래프가 하나라면 띠그래프와 같지만 같은 구성 항목을 가진 여러 개의 막대그래프를 보여준다면 층별그래프이다. 그래서 층별그래프는 띠그래프와 막대그래프를 합친 형상을 가진다.

다른 형태로 구성 비율에 중점을 두어 작성하는 100% 기준 층별그래프는 전체 양과 관계없이 모든 막대의 길이는 동일하고 구성 항목이 나타내는 층의 길이가 다르게 작성된다. 이때 비율을 나타내는 축의 단위는 비율인 %(백분율)가 된다.

사례 ❹

서울시 '젠트리피케이션' 데이터 분석 결과 보고

2016년 8월 서울시는 젠트리피케이션 발생 지역인 연남, 상수, 경리단길, 이태원과 관련한 데이터를 분석하고 향후 계획에 대한 보고서를 공개하였다.

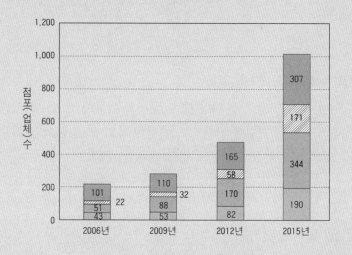

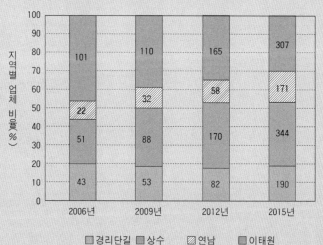

자료 : 서울시(2016. 8.)

| 그림 4-5 | 홍대 · 이태원 일대 신규 요식업 점포 추이

첫 번째 그래프는 일반적인 세로 층별그래프이고, 두 번째 그래프는 100% 기준 층별그래프이다.

첫 번째 층별그래프는 서울시 네 군데 신규 요식업 사업장의 등록 수와 그 상대적 비율을 비교하기 쉽고, 두 번째 100% 기준 층별그래프는 신규 요식업 사업장의 비율은 알기 쉬우나 총 업체 수는 파악하기 힘들다는 단점이 있다.

5) 선그래프(절선그래프, 꺾은선그래프)

선그래프는 나타내고자 하는 수량(변량)을 세로축 위에 점으로 표시하고, 그 점들을 선분으로 이어 연결한 그래프로, 수량의 증가 또는 감소 경향(추이)을 파악할 수 있고, 조사하지 않은 중간값을 예측할 수 있다.

사례 ❺

최근 10년간 쌀 재배 면적

최근 10년간 쌀 재배 면적에 대한 자료를 그래프로 나타내면 다음과 같다.

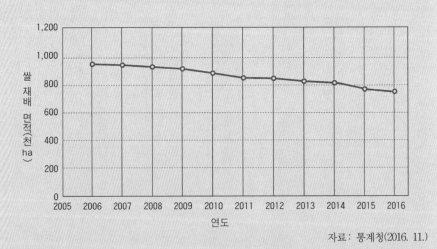

자료 : 통계청(2016. 11.)

| 그림 4-6 | **연도별 쌀 재배 면적**

위 도표를 통해 2006년 이후 쌀 재배 면적이 지속적으로 줄어들고 있음을 알 수 있다.

6) 점그래프(분포그래프)

점그래프는 서로 다른 두 속성(명칭 구분과 수량) 간의 관계를 점으로 나타내는 그래프로 통계에서 주로 데이터의 분포를 나타낼 때 사용한다. 학교에서 배운 수직 좌표계에서 점 P의 위치를 나타내는 $P(x, y)$와 동일한 방법으로 작성한다.

사례 ❻

체질량지수(BMI)

건강을 유지하는 많은 방법 중에 체중 관리의 중요성이 많이 강조되고 있다. 우리가 간단하게 체중과 키로 알아볼 수 있는 방법이 체질량지수(BMI, body mass index)를 계산하여 자신의 신체질량지수가 속하는 범위가 정상 체중 범위인지를 알아보는 방법이 있다.

$$체질량지수 = \frac{몸무게(kg)}{\{신장(m)\}^2} \times 100$$

다음 표는 무작위로 추출한 남학생 10명(학생 1~10)의 키와 체중으로 계산한 체질량지수 표와 그래프이다.

남학생 10명의 체질량지수(BMI)

학생	키(m)	몸무게(kg)	BMI
1	1.75	70	22.86
2	1.83	65	19.41
3	1.68	80	28.34
4	1.86	74	21.39
5	1.79	105	32.77
6	1.88	79	22.35
7	1.92	86	23.33
8	1.61	47	18.13
9	1.65	78	28.65
10	1.77	74	23.62

비만 판정 기준표

BMI 범위	상태
0.00 이상~18.50 미만	저체중
18.50 이상~23.00 미만	정상 체중
23.00 이상~25.00 미만	과체중
25.00 이상~30.00 미만	비만
30.00 이상	고도 비만

| 그림 4-7 | 체질량지수(BMI) 분포도

위 그래프는 총 10명의 남학생의 BMI를 계산한 후 분포도를 그린 것이다. 우리가 일반적으로 말하는 신장은 센티미터를 단위로 사용하지만 BMI에서 신장은 미터로 나타내므로 센티미터를 미터로 환산해 대입하여야 한다.

7) 레이더 차트(방사형그래프, 거미줄그래프)

레이더 차트는 측정 목표에 대한 여러 개의 항목을 표현할 수 있고, 각 항목 평가 점수에 따라 그 위치에 점을 찍고 그 점들을 직선으로 연결하여, 평가 항목에 대한 균형과 경향을 직관적으로 볼 수 있는 그래프이다. 그래프의 중심에서 멀어질수록 수량이 크게 나타난다.

사례 ❼

두 학생의 성향 분석 및 비교

어떤 두 학생 A, B의 성향을 조사하였더니 다음 표와 같았다. 항목별로 두 학생의 경향과 차이를 보기 위해 레이더 차트를 그려 비교하였다.

항목	학생 A	학생 B
자신감	8	10
근면성	9	7
민첩성	7	9
집중력	10	8
친화력	10	7
실행력	9	10
기획력	6	7
인내력	9	7

위 표를 레이더 차트로 작성하면 다음과 같다.

| 그림 4-8 | **학생 성향 비교**

레이더 차트는 두 학생 간의 성향에 대한 차이가 잘 비교되어 한눈에 보이는 형상의 도표이다. 특히, 항목 간의 비교도 명확해 두 학생에 대한 성향 분석에 도움이 된다.

사례연구

쌀 소비자가는 오를까? 내릴까?

앞의 [사례]에서 인용한 2016년 11월자 통계청 자료는 최근 10년간 쌀 재배 면적이 줄어들고 있지만 쌀 생산량은 적정량 이상을 생산하고 있다는 결과를 보여 주고 있다.

하지만 최근의 기사에서는 쌀 재배 면적이 줄어드는 상황에서도 쌀 생산량이 평년 보다 많아 풍년이지만, 쌀 소비량이 지속적으로 줄어드는 경향을 보여 쌀값이 떨 어지는 현상이 일어날 것이라는 내용이 많았다.

[사례] ③과 [사례] ⑤에서 작성한 도표를 하나로 묶어서 작성해 보자.

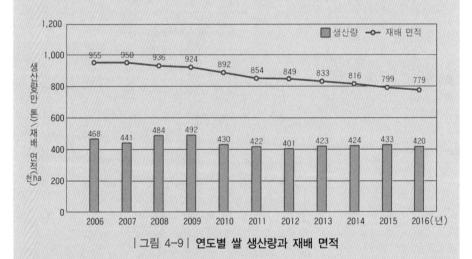

| 그림 4-9 | **연도별 쌀 생산량과 재배 면적**

위 도표는 기사의 요점을 잘 나타내 주고 있을까? 쌀 재배 면적이 줄어들고 있지만 생산량은 어느 정도 유지되고 있다는 것을 알 수 있다. 하지만 왜 쌀값이 떨어지는지 그 이유는 알 수 없다.

다음은 통계청의 2000~2015년까지 1인당 소비하는 쌀의 생산량(kg)을 나타낸 그 래프이다.

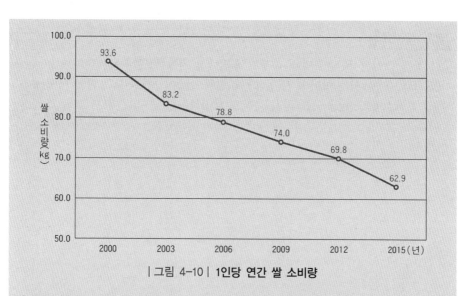

| 그림 4-10 | **1인당 연간 쌀 소비량**

위 그래프는 쌀 생산량이 평년 수준인 반면에 쌀 소비량은 감소하고 있다는 것을 보여 준다. 즉 쌀을 주식으로 하는 인구가 점점 줄어들고 있음을 나타낸다. 다음 자료를 추가하면 더 확실한 기사 전달이 된다.

농림축산식품부의 자료에 따르면, 최근 5년간 쌀 가격의 추이는 다음 도표와 같다.

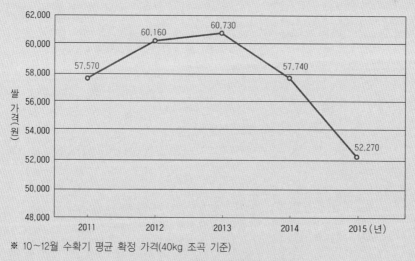

※ 10~12월 수확기 평균 확정 가격(40kg 조곡 기준)

| 그림 4-11 | **최근 5년간 쌀 가격 추이**

이렇게 4개의 그래프를 보면 쌀값은 지속적으로 하락할 경향이 있다는 것을 예상할 수 있다.

◢ **교육적 시사점**

• 도표를 작성한 목적에 맞게 다양한 시각에서 자료를 준비해야 한다.
• 도표의 응용에서는 여러 가지 형상을 복합적으로 이용하여 보는 이가 이해하기
쉽게 작성하는 것이 도표 작성 목적을 달성하는 방법이 된다.
• 도표는 글 대신 그림으로 표현하는 것이므로 글로 하는 스토리 전개에 맞게 작
성되어야 한다.

탐구활동

함께 수업을 듣는 친구 2명과 같이 다음 항목을 스스로 평가하여 거미줄그래프를 작성하시오.

항목	학생 A	학생 B	본인
자신감			
근면성			
민첩성			
집중력			
친화력			
실행력			
기획력			
인내력			

※ 6점 만점으로 평가한다.

┃학생 성향 분포도

2 도표의 종류별 특징

도표는 작성하는 목적·용도·형상에 따라 분류할 수 있다. 여기서 형상은 다양한 종류가 있어서 각 도표별 특징을 알아야 적합한 목적과 용도에 따라 사용할 수 있다. 경우에 따라서는 2개 이상 다른 종류를 묶어서 복합적인 도표를 사용해야 하는 경우도 있으니 도표별 특징이 무엇인지 알아보자.

1) 띠그래프

자료를 구성하는 요소인 명칭 구분의 총계에 대해 각 명칭 구분이 차지하는 비율을 띠의 넓이로 나타낸 비율그래프이다. 각 명칭 구분에 해당하는 띠에는 명칭 이름과 수량을 표시할 수 있다. 띠의 구간을 나타낼 때는 눈에 잘 구별되는 색상이나 기호를 사용하는 것이 좋다.

예 전체 매출에 대한 팀별 매출 기여도, 전체 재고에 대한 각 상품별 재고 비율 등

2) 원그래프

자료를 구성하는 명칭 구분의 총계에 대해 각 명칭 구분이 차지하는 비율을 원의 넓이로 나타낸 비율그래프이다. 각 명칭 구분에 해당하는 넓이에는 명칭 구분명과 수량을 표시할 수 있다. 원그래프는 도넛 모양 또는 3차원 원 모양으로 사용하기도 하고 강조하고자 하는 항목의 넓이를 크게 표현하기도 한다.

예 생활 계획표, 전체 시장에 대한 OS별 점유율, 전체 매출에 대한 연령별 고객 비율 등

3) 막대그래프

여러 명칭 구분의 수량이 많고 적음을 비교하기 쉽게 나타낸 그래프이다. 보조선과 주선을 이용하면 각 명칭 구분이 가지는 수량을 쉽게 세로축에서 찾을 수 있다. 비교하는 명칭 구분의 숫자가 많지 않을 때 적당하며, 3차원 표현으로 확장하여 표현할 수 있다.

예 팀별 매출액, 지점별 매출액, 10년간 쌀 생산량 등

4) 층별그래프

층 넓이의 크기로써 데이터의 변화를 나타내는 그래프이다. 명칭 구분의 변화는 막대그래프의 변화와 같고, 명칭 구분을 구성하는 항목의 변화는 선그래프와 같다. 즉 선그래프의 변형으로 연속적인 내역을 가지는 막대그래프로 막대그래프와 선그래프의 장점을 합친 그래프이다. 항목의 변화를 잘 나타내기 위해 보조선을 이용하여 같은 색상의 띠의 연결선을 이어주면 비교하기 쉽다.

예 상품의 생산 원가 구성 추이, 휘발유 판매가 구성 비율, 그룹 전체 매출에 대한 계열 사별 매출 비율 등

5) 선그래프(절선그래프, 꺾은선그래프)

하나의 명칭 구분에 대해 변화하는 수량을 나타낸 그래프로, 이웃한 수량을 잇는 선의 기울기를 분석하여 경향과 추이를 유추할 수 있는 그래프이다.

예 월별 매출액 추이, 연도별 생산량 추이 등

6) 점그래프(분포그래프)

두 가지 속성(명칭 구분과 수량)에 대한 값을 표기하는 그래프로 많은 자료를 표시하면 확률, 분포 또는 경향을 나타낼 수 있다.

예 광고비와 매출과의 관계, 지역별 학력과 임금과의 관계 등

7) 레이더 차트(거미줄그래프, 방사선그래프)

측정 목표(명칭 구분)에 대한 여러 개의 평가 항목을 표현할 수 있고, 평가 항목에 대한 균형과 경향을 직관적으로 볼 수 있는 그래프이다.

예 월별 매출액 비교, 직원의 근무 태도 비교 등

탐구활동

※ 다음 표는 A중학교 2학년에서 무작위로 선택한 6명의 평가 결과를 나타낸 표이다. 이를 보고 이어지는 물음에 답하시오. (1~2)

과목명	학생1	학생2	학생3	학생4	학생5	학생6	학생7
역사	76	60	85	96	54	74	91
국어	80	75	76	68	62	84	74
수학	66	70	81	60	75	74	82
영어	83	76	68	84	57	72	76
과학	70	74	82	76	92	75	74

1. 각 학생들의 총점에 대해 각 과목의 비율을 나타낸 도표를 그리시오.

2. 각 학생의 과목별 경향을 비교할 수 있는 도표를 그리시오.

제3절 도표 분석

1 표 분석

도표는 표, 그래프, 다이어그램 등을 나타내는 총칭이지만 여기서는 표와 그래프로 나누어서 자세히 설명한다. 우선 표를 분석하기 위한 방법에 대해 설명한 후, 그래프 분석 방법에 대해 설명한다.

1) 표의 구성

표는 행과 열로 구성된 가시적인 표현 도구이다. 표의 몇 가지 구성 요소에 대해 알아본 후 표를 분석하는 방법에 대해 알아보자.

구분		2008년 7월	2014년 12월	2015년 12월
판매 금액		100(1992.59)	100(1652.23)	100(1448.09)
세전 가격		48.8(987.51)	33.3(550.11)	30.9(447.98)
세금	교통세	24.6(472.00)	32.0(529.00)	36.5(529.00)
	주행세	6.6(127.44)	8.3(137.54)	9.5(137.54)
	교육세	3.7(70.80)	4.8(79.35)	5.5(79.35)
	부가가치세	9.1(174.78)	9.1(150.20)	8.2(119.43)
유통 비용 및 마진		7.2(140.06)	12.6(206.03)	9.4(134.79)
국제 유가		131.31달러	60.23달러	36.42달러

- ① 표의 제목 **휘발유 판매 금액 구성비의 변화**
- ② 단위 단위 : %(원)
- ⑤ 명칭 구분 (구성 요소) 가로축의 값
- ③ 가로축, 행 row
- ⑥ 변량(수량)
- ⑤ 명칭 구분(구성 요소) 세로축의 값
- ④ 세로축, 열 column

① 표의 제목

표의 제목은 해당 표가 무엇을 나타내고자 하는지 알려준다. '휘발유 판매 금액 구성비의 변화'란 제목을 가진 표라면, 이 표에는 휘발유 판매 금액에 대한 자료와 구성이 각각 어떤 비율로 구성되어 있는지 보여줄 것이라는 예상을 할 수 있다.

② 단위

표에서 단위는 두 가지 방식 중에 한 가지로 표현된다. 첫 번째는 앞의 표처럼 제목과 표 사이 오른쪽 끝에 단위가 표기된 경우이다. 위 내용은 자료의 처음 숫자는 백분율이고 괄호 안의 숫자는 금액을 표기한다는 뜻이다.

두 번째 방법은 해당하는 행과 열의 제목에 단위를 쓰는 방법이다. 왼쪽에서 첫 번째 열에 있는 '판매 금액'을 '판매 금액(원)'으로 표기하거나 자료에 해당하는 숫자 뒤로 단위를 표기할 수 있다. 위의 표는 두 방법 모두 보여 주고 있다.

③ 행(row, 가로축)

표는 행과 열의 조합으로 구성되어 있는 표기 방법이다. 행은 가로 방향의 줄을 의미하며, 엑셀 프로그램에서는 row라고 표기된다. 일반적으로 표를 도표(그래프)로 만들 때 행은 도표의 가로축으로 많이 표현한다. 엑셀에서 '행 삽입'은 가로줄의 삽입을 의미한다.

④ 열(column, 세로축)

표의 세로 방향으로의 줄을 의미하며 엑셀에서는 '열'이라고 표현된다. 표에서 행과 열은 직각좌표계 위에 임의의 한 점을 표현하는 방법과 동일하다. 점 $P(x$축의 좌표, y축의 좌표)의 표현을 표에서 가로축으로 x번째 행, 세로축으로 y번째 열에 있는 자료를 뜻한다.

⑤ 명칭 구분

표에서 가로축과 세로축에 해당하는 구성 요소이다. 항목이 될 수도 있고, 변량의 목록이 될 수도 있다. 위의 표처럼 명칭이 될 수도 있지만 어떤 숫자의 구간이기도 하다. 예를 들면 '10세 이상~15세 미만', '16세 이상~20세 미만'으로 표현하기도 한다.

⑥ 변량(수량)

표는 가로축과 세로축의 명칭 구분에 해당하는 변량을 나타낸다. 키, 몸무게, 금액 등이 그 예이다. 단위와 같이 쓰는 경우도 있다. 또한 명칭 구분에 따라 금액으로 나타낸 열 옆에 백분율이 쓰여 있을 수 있으니 단위에 유의해서 표를 분석해야 한다.

2) 표의 이해

표는 일상에서 많이 사용함에도 불구하고 직업인으로서 업무 수행 과정에서 표를 작성하는 것과 표를 분석하는 것에는 조금 차이가 있다.

일상생활에서 쓰이는 표는 단순히 보이는 그대로인 경우가 많지만, 업무 수행 과정에서 표는 의미 분석이 필요한 경우가 많다. 따라서 업무 수행 시 효과적으로 표를 이용하기 위해서는 만들어진 표를 분석해 보거나 또는 직접 작성하여 보는 노력이 필요하다.

사례 ❽

유지 취업률 상위 10개 대학

※ 다음 표는 졸업 직후 각 대학교에서 발표한 취업률과 그로부터 6개월이 지난 후에도 직장건강보험을 유지하고 있는지를 조사해 산출한 6개월 유지 취업률을 나타낸 표이다. 이를 보고 이어지는 물음에 답하시오.　2015년 한국전력공사

유지 취업률 상위 10개 대학

(단위 : %)

구분	학교 발표 취업률	6개월 유지 취업률	실제 취업률
서울대	59.8	95.5	57.1
서강대	70.2	95.3	66.9
한일장신대	39.4	95.2	37.5
연세대	(가)	94.9	62.2
아주대	69.4	94.8	64.8

한국항공대	74.0	94.6	70.0
성균관대	68.7	94.3	64.8
고려대	64.9	93.7	(나)
한양대	61.1	93.6	57.2
한중대	73.3	93.3	68.4

※ 실제 취업률 = 학교 발표 취업률 $\times \dfrac{6\text{개월 유지 취업률}}{100}$

1   (가)와 (나)에 들어갈 숫자는 각각 얼마인가? (단, 소수점 둘째 자리에서 반올림한다.)

     ① (가) 65.5 (나) 60.8   ② (가) 60.8 (나) 65.5

     ③ (가) 54.6 (나) 64.4   ④ (가) 64.4 (나) 54.6

     ⑤ (가) 65.5 (나) 54.6

풀이

(가) 실제 취업률: 62.2, 학교 발표 취업률: x, 6개월 유지 취업률: 94.9

     주어진 식을 학교 발표 취업률에 대해서 정리하면

     실제 취업률 = 학교 발표 취업률 $\times \dfrac{6\text{개월 유지 취업률}}{100}$

     학교 발표 취업률 = 실제 취업률 $\times \dfrac{100}{6\text{개월 유지 취업률}}$

     주어진 수를 대입하면,

     $x = 62.2 \times \dfrac{100}{94.9} = 65.5426 \cdots \simeq 65.5$

     ∴ (가) = 65.5

(나) 학교 발표 취업률: 64.9, 6개월 유지 취업률: 93.7, 실제 취업률: y

     실제 취업률 = 학교 발표 취업률 $\times \dfrac{6\text{개월 유지 취업률}}{100}$

     $y = 64.9 \times \dfrac{93.7}{100} = 60.8113 \simeq 60.8$

     ∴ (나) = 60.8

2 10개 대학 중 실제 취업률이 가장 높은 대학의 졸업생의 수가 총 200명이라면 이 중 졸업 직후 취업한 졸업생의 수는 몇 명인가?

① 120명   ② 128명
③ 140명   ④ 148명
⑤ 160명

풀이

10개 대학 중 실제 취업률은 한국항공대학이 70.0으로 가장 높다. 이 대학이 발표한 졸업 직후 취업률은 74.0이다. 졸업생이 총 200명이라면 이 중에서 졸업 직후 취업한 졸업생의 수는 다음과 같이 계산할 수 있다.

$$학교\ 발표\ 취업률 = \frac{취업한\ 졸업생의\ 수}{총\ 졸업생의\ 수} \times 100$$

양변을 총 졸업생의 수로 곱하면,

$$학교\ 발표\ 취업률 \times 총\ 졸업생의\ 수 = \frac{취업한\ 졸업생의\ 수}{\cancel{총\ 졸업생의\ 수}} \times 100 \times \cancel{총\ 졸업생의\ 수}$$

$$학교\ 발표\ 취업률 \times 총\ 졸업생의\ 수 = 취업한\ 졸업생의\ 수 \times 100$$

양변을 100으로 나누어 주면

$$학교\ 발표\ 취업률 \times 총\ 졸업생의\ 수 \times \frac{1}{100} = 취업한\ 졸업생의\ 수 \times \cancel{100} \times \frac{1}{\cancel{100}}$$

$$\frac{학교\ 발표\ 취업률 \times 총\ 졸업생의\ 수}{100} = 취업한\ 졸업생의\ 수$$

위 식에 주어진 값을 대입하면

$$취업한\ 졸업생의\ 수 = \frac{74.0 \times 200}{100} = 74.0 \times 2 = 148.0$$

∴ 졸업 직후 취업한 졸업생의 수는 148명이다.

사례 **⑨**

국제 여객 · 화물 수송량

다음은 국제 여객 · 화물 수송량을 나타낸 표이다. 이에 대한 설명으로 잘못된 것은? (단, 소수점 둘째 자리에서 반올림한다.) 2015년 인천국제공항공사

(단위 : 천 명, 천 톤)

구분		2008년	2009년	2010년	2011년	2012년
여객	해운	2,534	2,089	2,761	2,660	2,881
	항공	35,341	33,514	40,061	42,649	47,703
	합계	37,875	35,603	42,822	45,309	50,584
화물	해운	894,693	848,299	966,193	1,069,556	1,108,538
	항공	2,997	28,72	3,327	3,238	3,209
	합계	897,690	851,171	969,520	1,072,794	1,111,747

① 2008년부터 2011년까지 해운의 여객 수송량을 더하면 천만 명이 넘는다.
② 2012년의 항공 화물 수송량은 2010년보다 5% 이상 감소하였다.
③ 항공의 여객 수송량은 2009년부터 2012년까지 꾸준히 증가하였다.
④ 2010년 전체 화물 수송량 중 해운 수송량이 95% 이상을 차지하고 있다.

풀이

① 2,534,000명(2008년) + 2,089,000명(2009년) + 2,761,000명(2010년) + 2,660,000명 (2011년) = 10,044,000명. 따라서 천만 명이 넘었으므로 참이다.

② 2012년 항공 화물 수송량 : 3,209천 톤
  2010년 항공 화물 수송량 : 3,327천 톤
  $$\frac{3,209 - 3,327}{3,327} \times 100 = -3.5467\cdots \simeq -3.6$$
  ∴ 약 3.6% 감소하였다.
  그러므로 거짓이다.

③ 2009년 항공 여객 수송량 : 33,514천 명
  2010년 항공 여객 수송량 : 40,061천 명
  2011년 항공 여객 수송량 : 42,649천 명
  2012년 항공 여객 수송량 : 47,703천 명
  2009년부터 2012년까지 매년 항공 여객 수송량은 증가하고 있다. 그러므로 참이다.

④ 2010년 전체 화물 수송량: 969,520천 톤

2010년 해운 화물 수송량: 966,193천 톤

$$해운\ 화물\ 수송량의\ 비율 = \frac{해운\ 화물\ 수송량}{전체\ 화물\ 수송량} \times 100$$

$$\frac{966,193}{969,520} \times 100 \approx 99.7(\%)$$

99.7%이므로 참이다.

따라서 답은 ②이다.

② 도표(그래프) 분석

도표는 자료의 분석 결과 또는 작업의 진행 절차나 흐름을 한눈에 보기 쉽게 그림으로 나타낸 정보이다. 그렇기 때문에 타인이 전달하고자 하는 정보를 정확히 이해하고 나아가 활용하기 위해서 도표를 구성하는 요소에 대해 먼저 알아 두어야 한다.

1) 도표의 요소

직업인들이 표와 도표를 만들기 위해 주로 사용하는 소프트웨어가 마이크로소프트사의 엑셀이므로 엑셀을 기준으로 명칭을 설명하겠다.

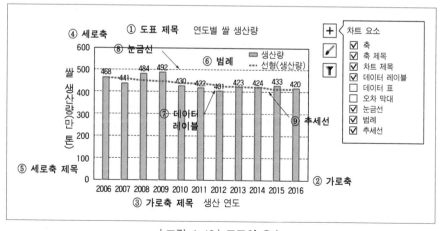

| 그림 4-12 | **도표의 요소**

① 도표 제목

도표가 무엇을 나타내고 있는지 알려 주는 제목이다. 도표의 제목은 간단명료하게, 정확하게 전달되어야 하며, 경우에 따라 제목 옆의 각 축에 사용된 단위를 괄호로 표기하기도 한다.

② 가로축

도표의 가로축으로 일반적으로 표를 작성했을 때 표의 가로축의 속성(명칭 구분)이다.

③ 가로축 제목

가로축에 어떤 속성(명칭 구분)을 나타내는지 명시한다. 일반적으로는 제목(단위)의 형태로 단위가 함께 표기된다. 수량의 단위가 표시되어 있는데 동일한 숫자라도 단위에 따라 그 양이 다르므로 조심하여야 한다. 단순한 단위뿐만 아니라 수량에 대한 정의에 따라 복잡한 단위를 나타내는 때도 있으니 주의한다.

④ 세로축

도표의 세로축으로 일반적으로 표의 변량(양)을 나타내는 속성(명칭 구분)을 나타낸다.

⑤ 세로축 제목

세로축에 어떤 속성(명칭 구분)을 나타내는지 명시한다. 일반적으로는 변량(양)을 나타내고, 단위도 함께 표기된다.

⑥ 범례

도표에 표기된 기호나 선의 종류, 색상 등이 어떤 명칭 구분과 수량을 나타내는지를 알려 준다. 위치는 일반적으로 표 제목 바로 아래 또는 표의 오른쪽 위에 위치한다.

⑦ 데이터 레이블

수량의 크기를 알려 주는 보조적인 요소이다. 도표를 이루는 점이나 막대의 길이로는 양이 많고 적음과 대략적인 크기를 유추할 수 있지만 정확한 양은 알 수 없다. 데이터 레이블은 세로축의 값을 숫자로 표기해서 정확한 양을 알려 주는 방법이다.

⑧ 눈금선

축의 길이를 일정한 길이로 나누어 나눠진 길이가 데이터의 크기를 나타내는 주 눈금선과 그 주 눈금선을 작게 나눠 주는 보조 눈금선으로 두 종류가 있다. 이때 눈금선은 주 눈금선과 보조 눈금선을 연장한 선으로 그래프가 나타내는 수량의 크기를 쉽게 알 수 있게 하는 선이다.

⑨ 추세선

수량의 크기가 변하는 경향을 알려 주는 보조선이다. 선그래프처럼 변화하는 경향을 선의 기울기로 알 수 있다.

기울기	─	╱	╱	╲	╲
뜻	일정하다	완만한 증가	급격한 증가	완만한 감소	급격한 감소

위 요소 중에서 기본이 되는 것은 도표(차트) 제목, 축, 축 제목, 그리고 자료에 의한 그림이다. 기본적인 내용으로 도표에서 나타내고자 하는 정보를 파악할 수 있다.

2) 도표의 이해[2]

우리가 외국어를 배울 때 처음에는 낯설고 어색하지만 많은 학습과 연습을 통해 익히면 시간의 흐름에 따라 익숙하게 사용하게 된다. 도표는 일종의 그림 언어로서 외국어와 마찬가지로 스스로 많이 작성해 보고, 타인이 작성한 도표를 많이 분석하는 연습이 필요하다. 도표를 객관적이고 논리적으로 해석하기 위해서는 다음과 같은 사항에 주의하여야 한다.

---

2) 출처: 한국산업인력공단, 「직업기초능력 수리능력 학습자용 워크북」, p.91 참조

① 업무 관련 지식의 습득

도표의 해석은 전문적인 지식이 필요하지 않은 경우도 있지만, 특정 영역의 지식이 필요한 경우도 있다. 직장인으로서 자신의 업무와 관련된 기본적인 지식은 습득되어 있어야 한다. 예를 들면 업무에 자주 사용되는 용어·단위·약어 등의 정의와 표기 방법을 정확히 알고 있어야 도표 위에 표기된 내용을 파악할 수 있다.

예를 들어 의료 기기를 판매하는 회사에 근무하는 영업 사원이라면 의학적인 용어와 단위, 그리고 의료 기기에 사용되는 기본적인 물리학적·화학적·생물학적 지식이 습득되어 있어야 회사 홍보 자료를 만들 수도 있고 또한 이를 이용하여 설명할 수도 있을 것이다.

② 도표 작성의 목적 파악

도표는 작성자가 표현하고자 하는 것을 글이 아닌 그림 형태의 표로 표현한 것이다. 따라서 작성자가 어떤 목적으로 이 도표를 작성했는지 파악해야 도표를 정확히 이해하기 쉽고, 나아가 숨어 있는 의도를 파악할 수 있다. 도표 작성자는 도표의 형상(그래프의 종류)과 내용을 통해 도표 작성의 목적을 나타낸다. 또한 도표 제목과 축 제목에서도 의도를 읽을 수 있다.

예를 들면, 가로축에 연도가 나열되어 있고, 세로축에 어떠한 값이 꺾은선그래프로 나타나 있다면, 이 도표의 작성자는 연도에 따라 양이 변화하는 추세를 말하고 싶은 것이다. 또는 가로축에 회사의 부서명이 적혀 있고, 세로축에 금액이 적혀 있는 막대그래프가 있다면, 이 도표의 작성자는 회사의 부서와 관련된 어떤 금액을 부서별로 비교하고 싶은 것이다.

도표를 잘 분석하기 위해서는 도표를 분석하는 자신도 도표로 잘 표현할 수 있는 능력을 가지고 있어야 한다. 역지사지(易地思之)의 입장에서 생각해 보자.

③ 도표의 기본 요소 파악

도표의 제목, 도표의 가로축과 세로축이 의미하는 내용을 파악해야 한다. 영업팀별 매출 비교, 쌀값 추이, 세금의 구성비 등 도표의 제목은 정확한 작성자의 의도가 나타나 있다. 축의 제목에서는 어떤 명칭 구분과 변량이 사용되었는지를 파악하면 된다. 명칭 구분과 변량은 바로 알 수 있지만, 단위는 사전지식이 반드시 필요하다. 1장에서 단위에 대해 학습했지만, 숫자에 의미를 부여하는 것이 단위의 역할이므로 단위에 대한 정확한 의미를 파악하고 있으면 도표를 쉽게 이해할 수 있다.

예를 들어 물리학에서 가로축에 시간을 나타내고 세로축에 거리를 나타낸 그래프가 있으면 그래프의 기울기는 속도 또는 속력을 의미한다. 가로축에 시간을 나타내고 세로축에 속도를 나타낸 그래프의 기울기는 가속도를 나타낸다. 즉, 그래프를 표현하는 방법이 어떤 이론과 수학적 방정식을 나타내는 경우도 있다.

④ 총량의 증가와 비율 증가의 구별

총량과 비율(＝부분 양/전체의 양)은 구별되어야 한다. 비율이 같아도 총량은 다를 수 있다. A학생과 B학생의 성적이 같은 상위 5%라 하더라도 A학생은 전교생이 300명인 학교에서 상위 5%이고, B학생은 전국 상위 5%라면 5%라는 비율은 의미가 없다.

다음 그래프는 앞의 사례에서 작성했던 그래프이다.

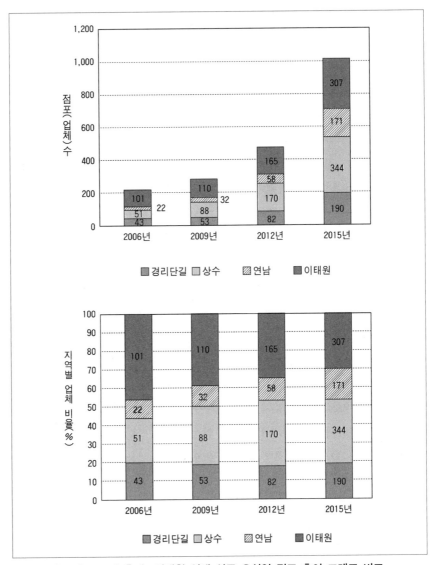

| 그림 4-13 | 홍대·이태원 일대 신규 요식업 점포 추이 그래프 비교

위쪽의 그래프는 층별그래프이고, 아래쪽의 그래프는 100% 대비 층별그래프이다. 위쪽의 그래프에서는 총량의 변화도 보이고, 각각의 명칭 구분 비율의변화도 읽을 수 있다. 하지만 아래쪽 그래프는 각각의 명칭 구분 비율의 변화는알 수는 있지만 총량의 변화는 알 수 없다. 그래서 총량과 비율을 주의해서검토하여야 한다.

⑤ 객관적인 해석

제시된 도표를 해석할 때는 확대 또는 축소 해석을 조심하여야 한다. 그러기 위해서 우선 선입견이 없어야 한다. 제시된 자료를 해석할 때, 선입견과 주관적 편견을 가진 상태에서 도표를 해석하면 객관적인 해석이 불가능하게 된다. 확고한 근거가 없는 상태에서의 주관적인 해석은 지극히 위험하다.

직업인이 업무 수행 과정에서 다루는 모든 자료는 개인의 영역을 벗어나 조직에 영향을 미치게 된다. 예를 들어, 원자재를 수입해서 가공 후 수출을 하는 회사에서 내년 수출 계획을 세우기 위해서는 환율이 어떻게 바뀔지 예측하는 것도 중요하다. 환율을 1달러당 1,000원을 예상하고 수출 계획을 수립했는데 세계적 경제의 영향으로 달러가 상승하여 1,200원이 되었다면, 수출할 때는 높은 환율이 적용되어 이익이 남겠지만, 원자재를 수입할 때는 수입 비용이 증가하게 된다.

사례 ⑩

도표의 축을 해석하자

1　다음에 제시된 도표의 가로축과 세로축이 뜻하는 내용과 도표에서 사용된 단위를 찾으시오.

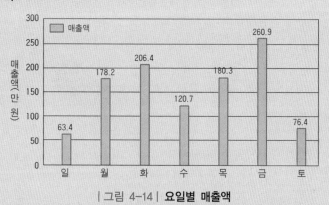

| 그림 4-14 | **요일별 매출액**

1) 가로축은 무엇을 나타내는가?

가로축은 일주일 단위의 요일을 나타낸다. 표의 제목이 요일별 매출액이므로 이 표에 해당하는 업체는 일주일 내내 영업을 한다는 것을 알 수 있다.

2) 세로축은 무엇을 나타내는가?

세로축은 매출 금액을 만 원 단위로 나타내고 있다. 50은 50만 원, 100은 100만 원이다.

3) 도표에서 사용된 단위는 무엇인가?

가로축은 요일, 세로축은 만 원을 단위로 사용하고 있다.

2 다음은 세종특별자치시 대평동의 2일간 일기예보이다. 도표에서 사용한 단위와 가로축과 세로축이 뜻하는 내용을 찾으시오.

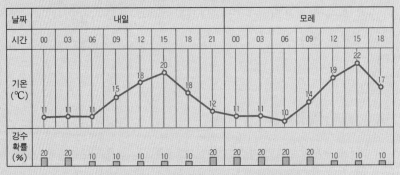

| 그림 4-15 | 세종특별자치시 대평동 일기예보

1) 가로축은 무엇을 나타내는가?

가로축은 시간을 나타내고 있다. 일반적으로 아래쪽에 가로축의 정보가 있지만 이 그래프는 날짜 아래에 시간을 0시부터 3시간 간격으로 나누어 보여 주고 있다.

2) 세로축은 무엇을 나타내는가?

① 기온을 꺾은선그래프로 나타내고 있다.
② 강수 확률을 막대그래프로 나타내고 있다.

3) 도표에서 사용된 단위는 무엇인가?

가로축은 시간, 세로축은 섭씨온도(℃)와 백분율(%)을 나타내고 있다.

사례 ⑪

표를 도표로 그려 보자

다음은 25세~54세 기혼 비취업 여성 현황과 기혼 여성의 경력 단절 사유에 관한 표이다. 이를 이용하여 작성한 그래프로 옳지 않은 것은?   2015년 한국토지주택공사

| 표 1 | 연령대별 기혼 비취업 여성 현황

(단위 : 천 명)

연령대	기혼 여성		기혼 비취업 여성	
			실업자	비경제활동인구
25~29세	570	306	11	295
30~34세	1,403	763	20	743
35~39세	1,818	862	23	839
40~44세	1,989	687	28	659
45~49세	2,010	673	25	648
50~54세	1,983	727	20	707
계	9,773	4,018	127	3,891

※ 1. 기혼 여성은 취업 여성과 비취업 여성으로 분류됨
   2. 경제활동인구 = 취업자 + 실업자

| 표 2 | 기혼 경력 단절 여성의 경력 단절 사유

(단위 : 천 명)

연령대	개인 가족 관련 이유					육아	가사	합
		결혼	임신 출산	자녀 교육	기타			
25~29세	179	85	68	1	25	58	9	246
30~34세	430	220	137	10	63	189	21	640
35~39세	457	224	107	29	97	168	55	680
40~44세	339	149	38	24	128	71	74	484
45~49세	322	113	14	12	183	32	80	434
50~54세	323	88	10	7	218	20	78	421
계	2,050	879	374	83	714	538	317	2,905

※ 1. 기혼 경력 단절 여성은 기혼 비취업 여성 중에서 개인 가족 관련 이유, 육아, 가사 등의 이유로 인해 직장을 그만 둔 상태에 있는 여성임
   2. 경력 단절 사유에 복수로 응답한 경우는 없음

① 연령대별 기혼 여성 중 경제활동인구

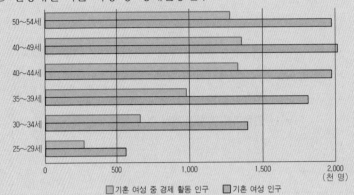

② 연령대별 기혼 여성 중 비취업 여성과 경력 단절 여성

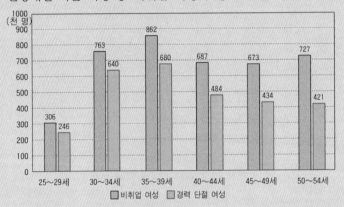

③ 25~54세 기혼 취업 여성의 연령대 구성비

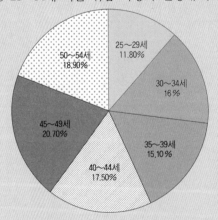

④ 25~54세 기혼 경력 단절 여성의 연령대 구성비

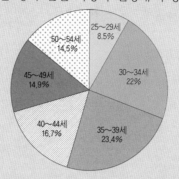

□ 25~29세   ■ 30~34세   ■ 35~39세   ☑ 40~44세   ■ 45~49세   □ 50~54세

풀이

① 연령대별 기혼 여성의 인구와 경제활동인구를 나타낸 수평 막대그래프이다. 주어진 표에서 찾아야 하는 자료는 경제활동인구이다. 연령대별 기혼 여성의 인구수에서 연령대별 비경제활동인구를 빼면 그 인구수를 구할 수 있다.

연령대	기혼 여성		기혼 비취업 여성	
			실업자	비경제활동인구
25~29세	570	306	11	295
30~34세	1,403	763	20	743
35~39세	1,818	862	23	839
40~44세	1,989	687	28	659
45~49세	2,010	673	25	659
50~54세	1,983	727	20	707
계	9,773	4,018	127	3,891

연령대별 경제활동인구를 구할 때 실업자는 비경제활동인구가 아니다. 원래는 경제활동을 하고 있었지만 여러 사유로 잠시 직장을 다니지 않고 있는 상태를 말하는 것이다. 그래서 25~29세인 경우 기혼 여성의 수(570명)−비경제활동인구(295명)=경제활동인구(275명)를 구할 수 있다.

연령대	기혼 여성(A)	비경제활동인구(B)	경제활동인구(A−B)
25~29세	570	295	275
30~34세	1,403	743	660
35~39세	1,818	839	979
40~44세	1,989	659	1,330
45~49세	2,010	648	1,362
50~54세	1,983	707	1,276
계	9,773	3,891	5,882

그러므로 ①은 옳게 그린 그래프이다.

② 비취업 여성의 인구수는 [표 1]에서 찾을 수 있고, 경력 단절 여성의 인구수는 [표 2]에서 찾을 수 있다. [표 1]에서 세 번째 열의 자료와 [표 2]에서 아홉 번째 열의 자료를 보면 다음과 같다.

연령대	기혼 비취업 여성	기혼 경력 단절 여성의 합
25~29세	306	246
30~34세	763	640
35~39세	862	680
40~44세	687	484
45~49세	673	434
50~54세	727	421
계	4,018	2,905

그러므로 ②는 옳게 그린 그래프이다.

③ [표 1]에서 취업 여성의 연령대별 인구수를 구할 수 있다. 기혼 여성의 인구수에서 기혼 비취업 여성의 인구수를 빼면 기혼 취업 여성의 인구수가 남는다.

(단위: 천 명, %)

연령대	기혼 여성 (A)	기혼 비취업 여성 (B)	기혼 취업 여성 (A－B)	비율 [(A－B)/C]×100
25~29세	570	306	264	4.59
30~34세	1,403	763	640	11.12
35~39세	1,818	862	956	16.61
40~44세	1,989	687	1,302	22.62
45~49세	2,010	673	1,337	23.23
50~54세	1,983	727	1,256	21.82
계	9,773	4,018	5,755(C)	100

위 표를 원그래프로 바꿔서 그려보자.

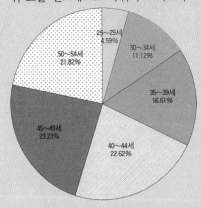

따라서 ③은 옳지 않은 그래프이다.

④ [표 2]의 기혼 경력 단절 여성의 총 인구수와 [표 2]의 8번째 열인 기혼 경력 단절 여성의 연령별 인구의 합을 이용하여 구성비를 구할 수 있다.

(단위: 천 명, %)

연령대	기혼 경력 단절 여성 합(A)	비율(A/B×100)
25~29세	246	8.5
30~34세	640	22.0
35~39세	680	23.4
40~44세	484	16.7
45~49세	434	14.9
50~54세	421	14.5
계	2,905(B)	100

그러므로 ④는 옳게 그려진 그래프이다.

한국은행은 2016년 10월 11일에 '신종 전자 지급 서비스 통계 개발'에 관련된 보도 자료를 배포했다. 이 보도 자료에는 다음과 같은 표가 포함되어 있다. 이를 보고 이어지는 물음에 답하시오.

간편 결제 서비스 이용 현황

(단위 : 천 건, 백만 원, %)

구분		2016. 1/4(A)	2016. 2/4(B)	증감(B−A)
이용 건수		440.2	805.3	365.0(82.9)
	ICT	219.5	387.2	167.7(76.4)
	유통 제조	220.7	418.1	197.4(89.4)
이용 건수		1,3518.5	9,695.9	2,491.5(34.6)
	ICT	7,204.5	9,695.9	2,491.5(34.6)
	유통 제조	6,314.1	11,027.0	4,712.9(74.6)

① 철이 : 2016년 2/4분기 중 간편 결제 서비스의 일평균 이용 실적이 8만 530건 이다.

② 영희 : 2016년 2/4분기 중 간편 결제 서비스의 일평균 이용 금액이 207억 2,300만 원이다.

③ 돌이 : ICT 기반 업체보다 유통·제조업에서 더 많이 사용되었다.

④ 순이 : 2016년 2/4분기 중 간편 결제 서비스의 1회 평균 결제 금액은 25,733.3원 이다.

⑤ 석이 : 2016년 1/4분기보다 2/4분기에 이용 금액이 53.3% 증가하였다.

1) 표를 틀리게 해석한 사람은 누구인가?

2) 그 이유는 무엇인가?

학습평가
정답 및 해설 p.239

1   다음 예시를 보고 각 그래프에 대한 특징을 적어 표를 완성하시오.

[예시] 원그래프	• 비율을 나타내는 그래프 • 원의 넓이로 그 비율을 알 수 있다.
꺾은선그래프	• •
층별그래프	• •
점그래프	• •
방사형그래프	• •

2   다음은 연도별 노인돌봄종합서비스에 관한 자료이다. 이에 대한 설명으로 옳지 않은 것은?

2016년 건강보험심사평가원

|표 1| **연도별 전국 노인돌봄종합서비스 이용 현황**

구분＼연도	2008년	2009년	2010년	2011년
이용 횟수(건)	104,712	88,794	229,100	253,211
이용자 수(명)	11,159	8,421	25,482	28,108
이용 시간(시간)	313,989	272,423	775,986	777,718

| 표 2 | 연도별 7대 도시 노인돌봄종합서비스 이용자 수

(단위 : 천 명)

도시＼연도	2008년	2009년	2010년	2011년
서울	1,570	2,071	2,626	2,488
부산	1,010	1,295	2,312	2,305
대구	513	960	1,191	1,276
인천	269	624	873	1,017
대전	290	389	777	813
광주	577	530	796	785
울산	150	162	327	415
계	4,379	6,031	8,902	9,099

| 그림 | 연도별 전국 노인돌봄종합서비스 매출 현황

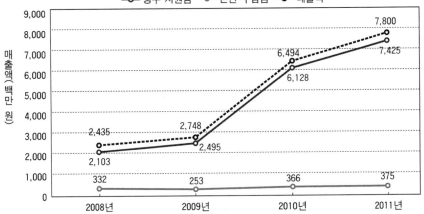

① 전국 노인돌봄종합서비스의 이용자 수 대비 이용 횟수가 가장 높은 연도는 2009년이다.

② 전국 노인돌봄종합서비스 매출액에서 본인 부담금이 차지하는 비중은 매년 감소하였다.

③ 2008년 서울과 부산의 노인돌봄종합서비스 이용자 수 합은 2008년 7대 도시 노인돌봄종합서비스 이용자 수 합의 절반 이상이다.

④ 전국 노인돌봄종합서비스의 이용 시간당 매출액은 매년 증가하였다.

도표의 응용 – 보조적인 방법을 이용하자

아래 그래프만으로 학생들의 비만 여부를 알 수 있을까?

아니다. 그래프와 비만 판정 기준표를 봐야 학생들의 비만 상태를 알 수 있다. 다음의 비만 판정 기준표를 도표로 옮길 수는 없을까?

비만 판정 기준표

BMI 범위	비만 상태
0.00 이상~18.50 미만	저체중
18.50 이상~23.00 미만	정상 체중
23.00 이상~25.00 미만	과체중
25.00 이상~30.00 미만	비만
30.00 이상	고도 비만

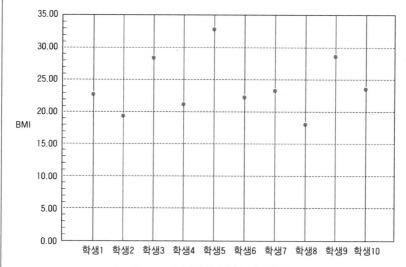

| 그림 4-16 | **체질량지수(BMI) 분포도**

비만 판정 기준표를 보면 체질량지수의 계급은 5개이고 각 계급값의 크기는 다르다. 계급값을 체질량지수 분포도 위에 함께 나타낼 수 있는 방법은 색으로 영역을 표시하거나 보조선을 그려 영역을 표시하는 방법이었다. 여기서는 색으로 각 영역을 구분한다.

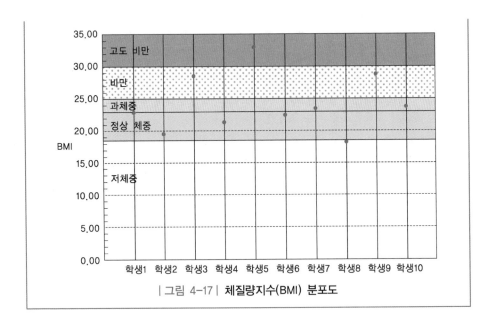

| 그림 4-17 | 체질량지수(BMI) 분포도

Tip

주식 차트를 분석하자

아래 도표는 주식의 일별 시세를 나타내는 주식 차트이다.

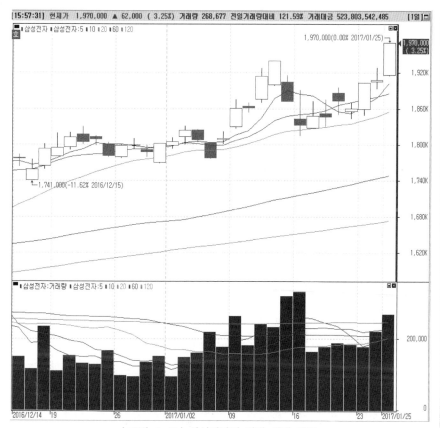

| 그림 4-18 | **삼성전자의 일별 시세 차트**

실제 주식 차트에서는 주가의 상승(종가가 시작가보다 높을 때)은 빨강색으로 나타내지만 여기서는 기호A를 사용하고, 주가의 하락(종가가 시작가보다 낮을 때)은 파랑색으로 나타내지만 여기서는 기호B를 사용하겠다.

① A영역 막대그래프 : 기호A는 시작가보다 종가가 높을 때(주식의 상승), 기호B는 시작가보다 종가가 낮을 때(주식의 하락)를 표현한 일일 주가 변동 폭을 나타내는 그래프이다.

② A영역 이동평균선 : 1일, 5일, 20일, 60일, 120일 등 제시된 기간 동안의 평균 종가를 나타낸 그래프이다. 꺾은선그래프로 추세를 예측할 수 있다.

③ B영역 막대그래프 : 일일 주식의 거래량을 나타낸 그래프이다. 주식의 매매 가격과 비교해 보면 일일 거래량이 많을 때 주식 가격의 변동이 큼을 알 수 있다. 주식 가격이 급등하거나 급락할 때 거래량이 늘어난다.

아무리 복잡해 보이는 도표라도 이처럼 나눠서 분석해 보면 어렵지 않다. 단, 이런 주식 차트는 주식에 관련된 지식(용어, 표기 방법 등)을 미리 알고 있어야 한다.

학/습/정/리

1. 도표는 관리, 문제 해결, 제안, 보고 등의 과정에서 다양하게 활용되고 있으므로, 목적과 상황에 맞는 효과적인 도표를 작성하려면 그 종류와 특징에 대해 미리 숙지하고 있어야 한다.

2. 도표는 목적, 용도, 형상에 따라 분류되며, 특히 형상에 따른 종류로는 띠그래프, 원그래프, 막대그래프, 층별그래프, 선그래프, 점그래프, 레이더 차트가 대표적이다.

3. 띠그래프는 자료를 구성하는 명칭 구분의 총계에 대해 각 명칭 구분이 차지하는 비율을 띠의 넓이로 나타낸 그래프이다. 각 명칭 구분에 해당하는 띠에는 명칭 이름과 수량을 표시할 수 있다. 가능하면 각 띠는 구별이 잘되는 색상을 사용하는 것이 좋다.

4. 원그래프는 자료를 구성하는 명칭 구분의 총계에 대해 각 명칭 구분이 차지하는 비율을 원의 넓이로 나타낸 그래프이다. 각 명칭 구분에 해당하는 넓이에는 명칭 구분명과 수량을 표시할 수 있다. 원그래프는 도넛 모양 또는 3차원 원 모양으로 사용하기도 하고 강조하고자 하는 항목의 넓이를 크게 표현하기도 한다.

5. 막대그래프는 여러 명칭 구분의 수량이 많고 적음을 비교하기 쉽게 나타내는 그래프이다. 보조선과 주선을 이용하면 각 명칭 구분이 가지는 수량을 쉽게 세로축에서 찾을 수 있다. 비교하는 명칭 구분의 숫자가 많지 않을 때 적당하며, 3차원 표현으로 확장하여 표현할 수 있다.

6. 층별그래프는 막대그래프와 선그래프의 장점을 합친 그래프로 선그래프의 변형으로 연속적인 내역을 가지는 막대그래프라 볼 수 있다. 층과 층이 만나는 선 사이의 크기로써 데이터의 변화를 나타내는 그래프이다. 명칭 구분의 변화는 막대그래프의 변화와 같고, 명칭 구분을 구성하는 항목의 변화는 선그래프와 같다. 항목의 변화를 잘 나타내기 위해 보조선을 이용하여 같은 색상의 띠의 연결선을 이어 주면 비교하기 쉽다.

7. 선그래프 또는 꺾은선(절선)그래프라고도 한다. 하나의 명칭 구분에 대해 변화하는 수량을 나타내는 그래프로, 수량과 수량을 잇는 선의 기울기를 분석하여 경향과 추이를 유추할 수 있는 그래프이다.

8. 점그래프는 두 가지 항목에 대한 값을 표기하는 그래프로 많은 자료를 표시하면 확률, 분포 또는 경향을 나타낼 수 있는 그래프이다.

9. 레이더 차트는 측정 목표(명칭 구분)에 대한 여러 개의 평가 항목을 표현할 수 있고, 평가 항목에 대한 균형과 경향을 직관적으로 볼 수 있는 그래프이다.

NCS
직업기초능력평가

수리
능력

Chapter

05

도표작성능력

제❺장
도표작성능력

제1절 표 작성
제2절 도표 작성
제3절 엑셀로 도표 작성하기

▶ 학습 목표

구분	학습 목표
일반 목표	직장 생활에서 도표(그림, 표, 그래프 등)를 이용하여 결과를 효과적으로 제시하는 능력을 기를 수 있다.
세부 목표	1. 업무 수행 과정에서 필요한 도표 작성의 절차를 설명할 수 있다. 2. 업무 수행 과정에서 도표를 작성할 때의 유의 사항을 설명할 수 있다. 3. 컴퓨터 프로그램을 활용하여 업무 수행 과정에서 필요한 기본적인 도표를 직접 작성할 수 있다.

▶ 주요 용어 정리

도표(圖表, graph, diagram)

주어진 자료(data)를 분석하여 그 변화를 한눈에 알아보기 쉽게 나타내는 직선이나 곡선 또는 주어진 함수가 나타내는 직선이나 곡선을 도표(그래프의 순화어)라 한다.

축

원래는 수레바퀴의 한가운데에 뚫린 구멍에 끼우는 긴 나무 막대나 쇠막대를 말하지만, 활동이나 회전의 중심이 되는 기준으로 확장하여 사용한다. 수학에서의 축은 가로축과 세로축이 있다.

표(表, table, chart)

주어진 자료(data)를 일정한 형식과 순서에 따라 보기 쉽게 나타낸 것을 표라고 한다.

표지

통계 단위 또는 단위의 공통적 성질을 말한다.

행(行, row)과 열(列, column)

행은 가로 방향의 줄을 뜻하고, 열은 세로 방향의 줄을 뜻한다. 엑셀 프로그램에서 행은 숫자(1, 2, 3, 4 …)로, 열은 영문 알파벳(A, B, C, D, …)으로 표기되어 있다.

<u>제1절</u> 표 작성

1 표 작성

도표는 객관적이고 논리적인 관점에서 주어진 자료의 내용을 파악하고 수리적인 방법을 사용하여 자료를 정리함으로써 한눈에 보기 쉽게 그림, 표, 그래프, 순서도, 흐름도 등으로 나타내는 것을 말한다. 이런 과정을 거치는 이유는 문장으로 길게 나열된 숫자보다 표나 그림 등으로 정리되어 간결하게 표현된 도표가 문서를 작성한 이가 표현하고자 하는 내용을 명확하게 나타낼 수 있기 때문이다.

익숙하지 않은 도표를 작성하기 위해서는 주어진 자료를 정리하여 표로 만든 후, 이를 도표로 작성하는 것이 좋다. 엑셀 프로그램을 사용하여 도표를 그릴 때 역시 표를 만든 후, 도표로 나타내는 방법을 사용한다. 따라서 도표 작성에 앞서 표의 작성에 대해 살펴보기로 하자.

여기서는 한 신문 기사 내용을 표로 작성하는 과정을 통해 표 작성 과정에 대해 설명하겠다.

1) 자료 정리 및 조사

주어진 자료가 정리가 되어 있는 경우도 있겠지만 문장으로 표현되어 있거나, 나열만 되어 있는 경우도 있다. 그러한 자료를 정리하는 목적은 자료를 정리하면서 자료가 가진 공통적 성질 또는 특징을 파악함으로써 표에서 나타내고자 하는 표지와 변량 그리고 단위 등을 파악하는 데 있다. 또한 부족한 자료를 추가로 조사하여 작성자가 원하는 표를 작성할 수 있게 한다.

사례 ❶

휘발유의 판매가에 포함된 세금은?

자동차에 들어가는 휘발유나 경유의 판매 가격이 높아지면 언론 매체들은 종종 휘발유와 경유에 붙는 각종 세금을 감세해야 한다는 기사를 내보내곤 한다.

우리가 자동차를 운행할 때 소비하는 휘발유 판매 금액에는 생각보다 많은 세금이 포함되어 있다. 판매 금액의 구성을 보면, 정유사의 공급 원가, 마진, 유통 비용 외에도 교통세, 주행세, 부가가치세, 교육세가 포함되어 있다.

다음은 오피넷(www.opinet.co.kr)에서 조사한 자료와 한국주유소협회에서 배포한 보도 자료 중에서 발췌하여, 수정 정리한 내용이다. 오피넷에서 주유소의 판매 가격과 정유사의 공급가를 조사하였다.

일반 휘발유의 판매 가격은 정유사의 세전 공급 가격+세금+유통 및 마진으로 구성되며, 세후 가격은 정유사의 세전 공급가격+세금이다.

우선 국제 유가의 기준은 우리나라에서 많이 수입하는 두바이유 1배럴로 하였다.

국제 유가가 최고 배럴당 131.31달러였던 2008년 7월의 국내 보통 휘발유 판매가 1,992.59원일 때, 세전 가격은 927.16원, 세액은 교통·에너지·환경세 472.00원, 교육세 70.80원, 주행세 127.44원 부가세 159.74원, 세액 합계는 829.98원

두바이유 기준 국제 유가가 최저 배럴당 60.23달러였던 2014년 12월의 보통 휘발유 판매가 1,652.23원일 때, 세전 가격은 567.90원. 세액은 교통·에너지·환경세 529.00원, 교육세 79.35원, 주행세 137.54원 부가세 131.43원, 세액 합계는 877.32원

1~2월 평균 두바이유 기준 국제 유가가 36.42달러인 2015년 12월의 보통 휘발유 판매가 1,531.05원일 때, 세전 가격은 447.98원. 세액은 교통·에너지·환경세 529.00원, 교육세 79.35원, 주행세 137.54원, 부가세 119.43원, 세액 합계는 865.32원

각각의 차액은 주유소의 물류 비용과 유통 마진이다. 2014년 12월과 2015년 1월에 기타 수수료 항목이 0.47원이 있으나 무시하고 유통 마진+물류 비용에 포함시킨다.

참조: 오피넷(www.opinet.co.kr)

[사례] ①의 내용에서 필요한 자료를 추출하여 '휘발유 판매 금액 구성비의 변화'를 표로 작성하자.

① 자료의 정리

우선 주어지거나 조사된 자료를 정리하자. 가공되지 않은 자료에서 표지와 변량이 무엇인지, 자료의 공통점·차이점·특이점 등에 따라 분류하고, 어떤 단위를 사용하고 있는지 등을 파악한다.

[사례] ①에서 밑줄 친 부분은 표 작성 시 필요한 자료이다. 자료를 나열해 보면,

사례 ❶ - 1

2008년 7월	국제 유가	131.31달러
	판매가	<u>1,992.59원</u>
	세전 금액	927.16원
	교통·에너지·환경세	472.00원
	교육세	70.80원
	주행세	127.44원
	부가세	159.74원
	세액 합계	829.98원
2014년 12월	국제 유가	60.23달러
	판매가	<u>1,652.23원</u>
	세전 금액	567.90원
	교통·에너지·환경세	529.00원
	교육세	79.35원
	주행세	137.54원
	부가세	131.43원
	세액 합계	877.32원

2015년 12월	국제 유가	36.42달러
	판매가	<u>1,531.05원</u>
	세전 금액	447.98원
	교통 · 에너지 · 환경세	529.00원
	교육세	79.35원
	주행세	137.54원
	부가세	119.43원
	세액 합계	865.32원

　　나열된 자료에서 표지는 세금이고 그 세금은 교통세, 교육세, 주행세, 부가가 치세로 구성되어 있다.

② 자료 조사

　　표를 작성하기 위해 자료를 정리하다 보면 부족한 내용을 찾을 수 있다. 위 [사례] ①-1에서 주어진 자료는 세금 금액인데, 우리가 작성하고자 하는 표는 '휘발유 판매 금액 구성비의 변화'이므로 구성비가 필요하다. 구성비는 소비자 판매 금액에 대해 각 세금 항목이 차지하는 비율을 백분율로 계산한다.

사례 ❶ - 2

1. 주유소의 유통 마진과 물류 비용을 계산해 보자.
　　유통 마진+물류 비용＝소비자 판매 금액－세후 가격
　　① 유통 마진+물류 비용: $1,992.59 - (927.16 + 829.98) = 235.45$(원)

2. 구성비로 비교하기 위해 각 항목의 백분율을 구한다.

2008년 7월	국제 유가	131.31달러
	판매가	1,992.59원
	세전 금액	927.16원
	유통 마진+물류 비용	235.45원
	교통 · 에너지 · 환경세	472.00원
	교육세	70.80원
	주행세	127.44원
	부가세	159.74원
	세액 합계	829.98원

① 세전 금액: $\dfrac{927.16}{1,992.59} \times 100 \simeq 46.53(\%)$

② 유통 마진+물류 비용: $\dfrac{235.45}{1,992.59} \times 100 \simeq 11.82(\%)$

③ 교통·에너지·환경세의 비율: $\dfrac{472.00}{1,992.59} \times 100 \simeq 23.69(\%)$

④ 교육세의 비율: $\dfrac{70.80}{1,992.59} \times 100 \simeq 3.55(\%)$

⑤ 주행세의 비율: $\dfrac{127.44}{1,992.59} \times 100 \simeq 6.40(\%)$

⑥ 부가세의 비율: $\dfrac{159.74}{1,992.59} \times 100 \simeq 8.02(\%)$

⑦ 세액의 비율: $\dfrac{829.98}{1,992.59} \times 100 \simeq 41.65(\%)$

소수점 세 번째 자리에서 반올림하여 소수점 두 번째 자리까지 구했기 때문에 오차가 있다.

2008년 7월 국제 유가	131.31달러
판매가	100%(1,992.59원)
세전 금액	46.53%(927.16원)
유통 마진+물류 비용	11.82%(235.45원)
교통·에너지·환경세	23.69%(472.00원)
교육세	3.55%(70.80원)
주행세	6.40%(127.44원)
부가세	8.02%(159.74원)
세액 합계는	41.65%(829.98원)

으로 정리한 후 나머지 자료에 대해서도 위와 동일한 방법으로 정리한다. 여기서 계산 과정을 생략한다.

2014년 12월 국제 유가	60.23달러
판매가	100%(1,652.23원)
세전 금액	34.37%(567.90원)
유통 마진+물류 비용	12.53%(207.01원)
교통·에너지·환경세	32.02%(529.00원)
교육세	4.80%(79.35원)
주행세	8.32%(137.54원)

부가세	7.95%(131.43원)
세액 합계	53.10%(877.32원)
2015년 12월 국제 유가	36.42달러
판매가	100%(1,531.05원)
세전 금액	29.26%(447.98원)
유통 마진+물류 비용	14.22%(217.75원)
교통·에너지·환경세	34.54%(529.00원)
교육세	5.18%(79.35원)
주행세	8.98%(137.54원)
부가세	7.8%(119.43원)
세액 합계	56.52%(865.32원)

2) 표의 행과 열 결정

표는 행과 열로 구성되어 있다. 행(로, row)은 가로 방향으로의 줄이고, 열(칼럼, column)은 세로 방향으로 줄이다. 행과 열에 어떤 정보를 넣을 것인지는 여러 가지 사항을 고려해야 한다.

① 사람의 시선

일반적으로 사람들의 시선은 왼쪽에서 오른쪽으로, 위에서 아래로 움직인다. 한글도 왼쪽에서 오른쪽으로 쓰고, 줄을 바꿀 때도 아래로 바꾼다. 이러한 행동을 연구하고 분석하는 분야가 따로 있을 정도로 현대에서는 중요하게 생각하는 부분이다.

따라서 표를 작성할 때도 이런 행동 양식을 고려하여 행과 열에 어떠한 정보를 나열할지 결정하게 된다. 만일 2008년, 2014년 그리고 2015년에 휘발유 판매 금액 구성비의 변화에 대해 나타내려고 하자. 이때 비교 대상이 연도별 세금이기 때문에 시선이 먼저 향하는 방향인 왼쪽에서 오른쪽(행)으로 연도를 배치하고, 각 연도에 해당하는 세금을 위에서 아래(열)로 배치하는 것이 보기 편하다.

② 공간

사람의 시선에 따라 배치하는 것이 읽기 편하지만, 표는 제한된 공간 안에서 효과적으로 그려져야 한다. 예를 들면 A4 용지를 세로로 놓고 보고서가 작성될 수도 있고, 가로로 작성될 수도 있다. 가로로 좁은 너비에 3~4개의 열이 아닌 10~15개의 열이 만들어진다면 글씨가 작아지게 되어 보기가 어렵게 된다. 허용되는 공간에 맞게 행과 열을 정하는 것을 잊지 말자.

사례 ❶ - 3

[사례] ①-2에서 정리된 자료를 사람의 시선과 공간을 고려하여 행과 열을 배치하면 다음 표와 같다.

구분		2008년 7월	2014년 12월	2015년 12월
판매 금액				
세전 가격				
세금	교통세			
	주행세			
	교육세			
	부가가치세			
유통 비용 및 마진				
국제 유가				

3) 표 작성

앞의 과정을 거쳐 정리된 자료와 결정된 행과 열을 이용하여 표를 작성한다. 자료를 입력할 때 자칫 실수할 수 있으므로 유의하여야 한다. 숫자를 입력하다 보면 행과 열이 바뀐다거나, 오타가 발생할 수 있으니 차근차근 확인하면서 입력한다.

사례 ❶-4

[사례] ①-2에서 정리한 자료를 표에 입력한다.

구분		2008년 7월	2014년 12월	2015년 12월
판매 금액		100%(1,992.59원)	100%(1,652.23원)	100%(1,531.05원)
세전 가격		46.53%(927.16원)	34.37%(567.90원)	29.26%(447.98원)
세금	교통세	23.69%(472.00원)	32.02%(529.00원)	34.54%(529.00원)
	주행세	6.40%(127.44원)	8.32%(137.54원)	8.98%(137.54원)
	교육세	3.55%(70.80원)	4.80%(79.35원)	5.18%(79.35원)
	부가가치세	8.02%(159.74원)	7.95%(131.43원)	7.80%(119.43원)
유통 비용 및 마진		11.82%(235.45원)	12.53%(207.01원)	14.22%(217.75원)
국제 유가		131.31달러	60.23달러	36.42달러

4) 표 제목 및 단위 표기

자료를 입력하여 표를 작성하였다면, 표의 제목은 표의 위에, 표에 사용한 단위는 제목 옆 또는 표의 위 오른쪽에 각각 입력한다. 만일 표 자체에 단위가 표기되어 있으면 따로 표기하지 않아도 되지만 중복하여 표기해도 무방하다.

만일 표에 입력된 자료에 대한 보충 설명이 필요하다면 각주를 이용한다. 각주는 설명하고자 하는 단어 또는 값에 위첨자로 숫자를 붙인 후 표의 아래, 또는 페이지의 아래에 숫자를 표기하고 설명하는 내용을 쓰게 된다.

사례 ❶-5

[사례] ①-4에서 작성된 표의 제목과 단위를 입력하여 표를 완성한다.

휘발유 판매 금액 구성비의 변화

단위 : %(원)

구분	2008년 7월	2014년 12월	2015년 12월
판매 금액	100%(1,992.59원)	100%(1,652.23원)	100%(1,531.05원)
세전 가격	46.53%(927.16원)	34.37%(567.90원)	29.26%(447.98원)

세금	교통세	23.69%(472.00원)	32.02%(529.00원)	34.54%(529.00원)
	주행세	6.40%(127.44원)	8.32%(137.54원)	8.98%(137.54원)
	교육세	3.55%(70.80원)	4.80%(79.35원)	5.18%(79.35원)
	부가가치세	8.02%(159.74원)	7.95%(131.43원)	7.80%(119.43원)
유통 비용 및 마진		11.82%(235.45원)	12.53%(207.01원)	14.22%(217.75원)
국제 유가		131.31달러	60.23달러	36.42달러

사례 ❷

청소년 현재 흡연율 추이

※ 주어진 자료를 이용하여 청소년 흡연율의 추이를 표로 작성하시오.

교육부와 보건복지부 산하 질병관리본부의 보도 자료에 따르면 중·고등학생의 흡연율이 감소하고 있음을 알 수 있다.

2012년 중학교 남녀 학생의 흡연율은 각각 남학생 9.8%·여학생 4.3%, 2013년 남학생 7.9%·여학생 2.8%, 2014년 남학생 6.8%·여학생 2.3%, 2015년 남학생 4.8%·여학생 1.7%로 계속 감소하는 추세를 보였다.

또한 2012년 고등학교 남녀 학생의 흡연율은 각각 남학생 22.4%·여학생 7.5%, 2013년 남학생 20.7%·여학생 6.3%, 2014년 남학생 20.8%·여학생 5.6%, 2015년 남학생 18.3%·여학생 4.5%로 중학생과 마찬가지로 계속 감소 추세인 것으로 나타났다.

풀이

위의 내용은 중학교와 고등학교에 다니는 남녀 학생의 흡연율을 백분율로 보여 준다. 위에서 주어진 자료를 정리하면,

1. 중학생 흡연율
1) 남학생 흡연율
　① 2012년 9.8%
　② 2013년 7.9%
　③ 2014년 6.8%
　④ 2015년 4.8%

2) 여학생 흡연율
   ① 2012년 4.3%
   ② 2013년 2.8%
   ③ 2014년 2.3%
   ④ 2015년 1.7%

2. 고등학생 흡연율
1) 남학생 흡연율
   ① 2012년 22.4%
   ② 2013년 20.7%
   ③ 2014년 20.8%
   ④ 2015년 18.3%

2) 여학생 흡연율
   ① 2012년 7.5%
   ② 2013년 6.3%
   ③ 2014년 5.6%
   ④ 2015년 4.5%

표지는 학교와 성별, 그리고 조사 연도가 되고, 변량은 백분율(%)이 된다. 표지의 종류가 적어 공간의 제한이 없으므로 작성자 개인의 취향에 맞게 표의 행과 열을 정하면 된다.

청소년 현재 흡연율 추이

(단위 : %)

구분	2012년		2013년		2014년		2015년	
	남학생	여학생	남학생	여학생	남학생	여학생	남학생	여학생
중학교	9.8	4.3	7.9	2.8	6.8	2.3	4.8	1.7
고등학교	22.4	7.5	20.7	6.3	20.8	5.6	18.3	4.5

탐구활동

※ 같이 수업을 듣는 반 친구들이 등교하는 데 걸리는 시간을 표로 작성해 보자.

1. 자료 수집 : 반 친구들의 등교하는 데 걸리는 시간을 조사해 보자.

2. 작성할 표의 행과 열의 값을 결정하자.

3. 등교하는 데 걸리는 시간 간격을 결정하자.

4. 3번과 같이 시간 간격을 결정한 이유는 무엇인가?

5. 표를 작성하자.

6. 친구와 작성한 표를 서로 바꿔서 표가 잘 작성되었는지 평가하고 그 이유를 들어 보자.

이해하기 너무 어렵다	이해하기 조금 어렵다	그저 그렇다	이해하기 조금 쉽다	이해하기 너무 쉽다
1점	2점	3점	4점	5점

이유 :

제2절 도표 작성

1 도표 작성

표를 작성하는 과정이 행과 열을 사용하여 자료를 정리하는 과정이었다면, 도표 작성 과정은 자료(data)의 변화를 한눈에 알아보도록 자료에 의한 직선이나 곡선으로 표현한 것이다. 표현되는 직선이나 곡선은 자료의 규칙성을 나타내는 함수에 의한 경우도 있다. 도표는 이 책에서 설명하는 유형뿐만이 아니라 그림, 다이어그램(diagram), 순서도 등을 포함한다.

4장 도표분석능력에서 학습한 도표의 종류 및 특징을 이용하여 주어진 자료의 성격과 목적에 알맞은 도표를 선택해야 한다.

사례 ❸

휘발유 판매 금액 구성비의 변화

단위 : %(원)

구분		2008년 7월	2014년 12월	2015년 12월
판매 금액		100%(1,992.59원)	100%(1,652.23원)	100%(1,531.05원)
세전 가격		46.53%(927.16원)	34.37%(567.90원)	29.26%(447.98원)
세금	교통세	23.69%(472.00원)	32.02%(529.00원)	34.54%(529.00원)
	주행세	6.40%(127.44원)	8.32%(137.54원)	8.98%(137.54원)
	교육세	3.55%(70.80원)	4.80%(79.35원)	5.18%(79.35원)
	부가가치세	8.02%(159.74원)	7.95%(131.43원)	7.80%(119.43원)
유통 비용 및 마진		11.82%(235.45원)	12.53%(207.01원)	14.22%(217.75원)
국제 유가		131.31달러	60.23달러	36.42달러

1) 도표의 종류 결정

　4장에서 학습한 다양한 종류의 도표들은 목적에 따라 적합한 종류가 있다.

| 표 5-1 | **도표의 종류와 활용 분야**

도표의 종류	활용 분야
선(절선, 꺾은선)그래프	시간의 변화에 따라 변량의 변화를 보이는 데 적합
막대그래프	변량의 대소 관계를 막대 길이로 나타내는 데 적합
원그래프	전체에 대한 구성비를 표현하는 데 적합
층별그래프	시간적 변화에 따른 구성비의 변화 표현에 적합
레이더 차트(거미줄그래프)	평가 항목에 대한 균형과 경향을 직관적으로 보여 주는 데 적합

직장인이 월별 매출액, 예산안, 투자 제안서, 견적서 등등의 서류를 작성할 때는 전달하고자 하는 목적에 맞게 표와 도표의 종류를 잘 선택해야 한다. 업무 수행에 있어 도표는 표현의 한 방법이므로 정확한 의사를 전달하기 위해서는 적절한 도표를 사용해야 한다.

도표를 사용하는 목적과 표현하고자 하는 바를 잘 표현하기 위해서는 반드시 선행되어야 할 것이 있다. 바로 주어진 자료의 검토와 이해이다. 앞에서 살펴본 [사례]의 내용은 휘발유 판매 금액의 구성을 통해 세금이 얼마나 포함되어 있는지를 나타내고 있다. 이런 의도를 제대로 파악하지 못하면 도표의 사용에 있어서도 어려움을 겪게 되고 이로 인해 보는 이로 하여금 혼란을 줄 수 있다.

사례 ❸-1

구성비의 비교를 보여 줄 수 있는 그래프의 종류에는 막대그래프, 원그래프, 층별그래프가 있다. 막대그래프는 휘발유의 판매 금액 구성 요소(명칭 구분)를 각각 비교할 수 있다는 장점이 있지만, 막대의 수가 많아져서 복잡해 보일 수 있고, 원그래프는 세 개의 그래프가 필요하다. 따라서 층별그래프를 사용하여 비교하는 것이 가장 바람직하다.

2) 가로축과 세로축의 내용 결정

주어진 자료에서 어떤 자료를 가로축과 세로축에 나타낼 것인지를 결정한다. 일반적으로 명칭 구분(날짜·기간·장소·조사 항목 등)은 가로축에, 수량(변량·금액·크기 등)은 세로축에 놓는다.

사례 ❸-2

층별그래프는 가로 층별그래프와 세로 층별그래프가 있다.

① 가로 층별그래프
  • 가로축 - 휘발유 판매 금액의 구성 요소(명칭 구분)와 비율(백분율, %)
  • 세로축 - 연도(시간)

② 세로 층별그래프
  • 가로축 - 연도(시간)
  • 세로축 - 휘발유 판매 금액의 구성 요소(명칭 구분)와 비율(백분율, %)

그래프가 그려질 공간과 가독성을 고려하였을 때, 가로 층별그래프를 선택한다.

---

3) 가로축과 세로축의 눈금의 크기(자료의 범위) 결정

주어진 자료에 따라 가로축과 세로축의 눈금의 크기를 결정해야 한다. 눈금의 크기가 너무 작으면 그래프의 변화가 크게 과장되어 보이고, 반대로 눈금의 크기가 너무 크면 그래프의 변화가 축소되는 효과가 나타나 변화를 표현하기 어렵다. 따라서 적절한 범위를 선택해 눈금의 크기를 잘 결정하여야 한다.

사례 ❸ – 3

휘발유 판매 금액 구성비의 변화

단위 : %(원)

구분		2008년 7월	2014년 12월	2015년 12월
판매 금액		100%(1,992.59원)	100%(1,652.23원)	100%(1,531.05원)
세전 가격		46.53%(927.16원)	34.37%(567.90원)	29.26%(447.98원)
세금	교통세	23.69%(472.00원)	32.02%(529.00원)	34.54%(529.00원)
	주행세	6.40%(127.44원)	8.32%(137.54원)	8.98%(137.54원)
	교육세	3.55%(70.80원)	4.80%(79.35원)	5.18%(79.35원)
	부가가치세	8.02%(159.74원)	7.95%(131.43원)	7.80%(119.43원)
유통 비용 및 마진		11.82%(235.45원)	12.53%(207.01원)	14.22%(217.75원)
국제 유가		131.31달러	60.23달러	36.42달러

위의 자료에서 도표로 중요하게 표현되어야 하는 수량은 백분율(%)이다. 자료를 보면 소수점 첫 자리를 가지는 값이고 최솟값은 3.55%, 최댓값은 46.53%이다. 백분율의 변화를 잘 보여 줄 수 있는 눈금을 정하는데, 엑셀 프로그램을 사용하여 그래프를 그릴 경우에 도표 축의 눈금 크기는 나중에 조절할 수 있다.

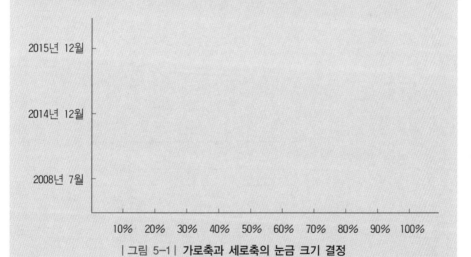

| 그림 5-1 | **가로축과 세로축의 눈금 크기 결정**

4) 자료의 가로축과 세로축이 나타내는 곳을 정확하게 표시

주어진 자료에 있는 명칭 구분에 맞는 수
량의 크기를 나타내는 위치에 정확히 표
시한다. 마치 초등학교에서 배웠던 직교
좌표계 위에 위치를 표시하는 것과 같다.
점 A는 가로축으로 '가'의 값을 가지고,
세로축으로 '4'의 값을 가진다. 이렇게 가
로축과 세로축에 대응하는 점 A(가, 4)를
표기한다.

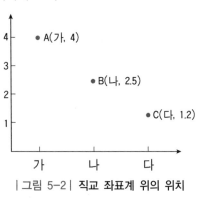

| 그림 5-2 | 직교 좌표계 위의 위치

사례 ❸-4

휘발유 판매금액 구성비의 변화를 나타낸 표에서 2008년 7월에 해당하는 가로축과
세로축을 그래프 위에 표기한다.

2008년 7월의 휘발유 판매금액(100%, 1992.59원)을 한 개의 막대로 그린다.

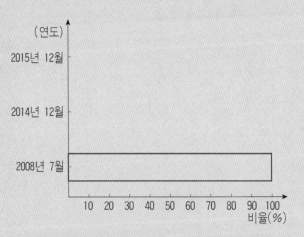

| 그림 5-3 | 전체를 나타내는 막대그래프 그리기

판매 금액을 구성하는 세전 가격(46.53%)과 교통세(23.69%) 등의 세금, 그리고 유통
비용 및 마진(11.82%)이 각각의 층을 선으로 그려 구분한다.

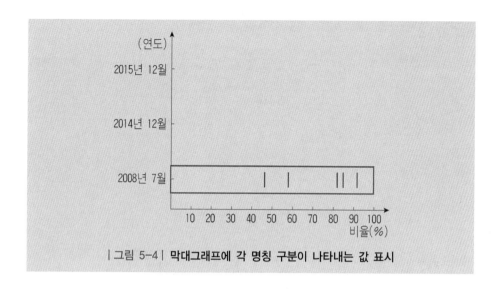

| 그림 5-4 | 막대그래프에 각 명칭 구분이 나타내는 값 표시

5) 표시된 위치에 따라 도표 작성

표시된 위치를 활용하여 도표를 작성한다. 막대그래프라면 세로축의 0에서 표시된 위치까지 막대를 그려주고, 선그래프라면 이웃한 항목의 표시와 선으로 연결한다. 이러한 선들은 직선이 될 수도 있고 곡선이 될 수도 있다. 또한 선들의 기울기 (세로축의 변화량/가로축의 변화량)는 변화의 정도를 가늠할 수 있다.

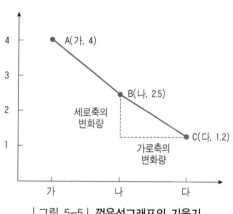

| 그림 5-5 | 꺾은선그래프의 기울기

변화하는 추세가 가파르면 기울기가 급격하게 나타나게 된다.

사례 ❸ - 5

표시된 위치에서 막대를 나타내는 선과 닿게 선을 긋는다. 이 선은 층을 나타내게 된다.

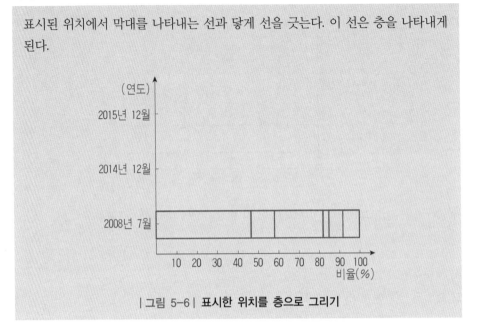

| 그림 5-6 | **표시한 위치를 층으로 그리기**

6) 도표의 제목, 가로축과 세로축의 단위 표기

　도표를 작성한 후, 도표 상단의 도표 제목과 함께 단위를 표시한다. 또는 제목만 상단에 표시하고, 각 축의 값에 해당하는 단위를 축에 표시하기도 한다.

사례 ❸ - 6

2014년 12월과 2015년 12월을 나타내는 층별그래프를 그린 후, 층을 구분하기 쉽게 다른 색이나 패턴을 이용하여 채우고, 각 층의 값(레이블 값)을 표기한다. 범례에 각 층에 사용한 색 또는 패턴 등과 명칭 구분을 적어 그래프를 보는 이가 이해하기 쉽게 한다.

그래프의 제일 위의 중심에 제목과 단위를 입력한다. 제목에 사용하는 글씨체는 그래프에서 사용한 글씨체와 다르게 사용해 구분한다.

만일 각 층(명칭 구분)의 크기 변화를 비교하기 위해 같은 명칭 구분을 계열선으로 연결하면 쉽게 비교할 수 있다.

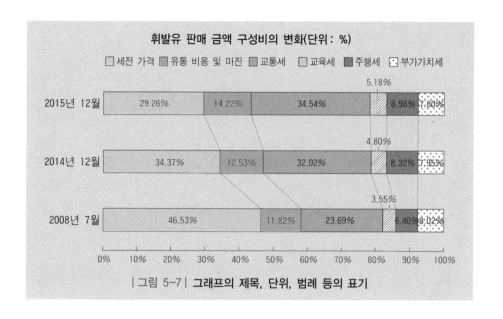

| 그림 5-7 | 그래프의 제목, 단위, 범례 등의 표기

사례 ❹

청소년 현재 흡연율 추이

(단위 : %)

	2012년		2013년		2014년		2015년	
	남학생	여학생	남학생	여학생	남학생	여학생	남학생	여학생
중학교	9.8	4.3	7.9	2.8	6.8	2.3	4.8	1.7
고등학교	22.4	7.5	20.7	6.3	20.8	5.6	18.3	4.5

① 도표의 종류 결정

이 표의 핵심은 2012년부터 2015년까지 시간의 흐름에 따라 흡연율이 변했다는 것을 보여 주는 데 있다. 따라서 시간 변화에 따른 추이를 보여 주기 좋은 꺾은선그래프로 작성한다.

② 가로축과 세로축의 내용 결정

시간의 변화에 따라 중학생의 남녀 학생들의 흡연율이 어떻게 변했는지, 고등학교의 남녀 학생들의 흡연율이 어떻게 변했는지를 꺾은선그래프로 나타내 보자. 이때 가로축에 시간의 흐름을, 세로축에 흡연율을 표기하는 것이 도표를 보는 사람이 이해하기 쉽다.

• 도표의 가로축: 시간 − 2012년, 2013년, 2014년, 2015년
• 도표의 세로축: 백분율(%) − 중학교, 고등학교의 남녀 학생의 흡연율

③ 가로축과 세로축의 눈금의 크기(자료의 범위) 결정

가로축 눈금의 크기를 정하는 데는 4개 연도가 결정이 되어 있어서 별 어려움이 없으나, 세로축 눈금의 크기는 좀 더 심사숙고하여야 한다.

흡연율의 최솟값은 1.7%이고, 최댓값은 22.4%이다. 세로축의 범위를 너무 크게 설정하면 (예를 들어 0%~100%) 변화하는 경향을 보여 주기 힘들고, 반대로 너무 작게 설정하면 (예를 들어 1.5%~25%) 변화하는 경향이 과장되어 보인다. 그래서 0%~30%가 적정 수준이라는 결론이 나온다.

④ 자료의 가로축과 세로축이 나타내는 곳을 정확하게 표시

표의 자료에 따라 가로축과 세로축의 값이 교차하는 위치에 점을 찍는다. 두 회사의 구분을 위해 색을 다르게 표시한다.

⑤ 표시된 위치에 따라 도표 작성

꺾은선그래프이므로 ④의 과정에서 표기된 점들을 직선으로 연결한다.

⑥ 도표의 제목, 가로축과 세로축의 단위 표기

도표의 제목은 '청소년 현재 흡연율 추이', 세로축의 단위는 흡연율(%)을 입력한다.

결과물은 다음 꺾은선그래프이다.

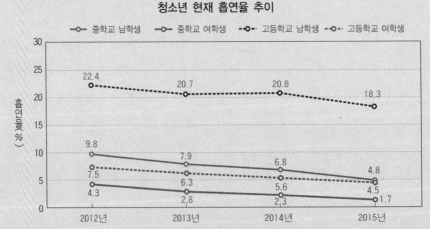

| 그림 5-8 | 청소년 현재 흡연율 추이

② 도표 작성 시 유의 사항

업무 수행 과정에서 도표를 작성할 때는, 다음 몇 가지 사항들을 고려하여야 한다. 이런 사항들이 잘 준수된 도표는 보는 이들로 하여금 잘 만들어진 도표라는 인식을 주게 된다.

1) 도표 종류의 결정

도표의 작성 목적에 맞춰서 종류도 결정하여야 한다. 도표 작성에 익숙해지기 위해서는 많은 연습과 노하우(Know-how)가 필요하다.

다음은 앞에서 살펴본 [그림 5-1] 휘발유 판매 금액 구성비의 변화(가로 층별그래프)를 여러 가지 도표로 나타낸 것이다.

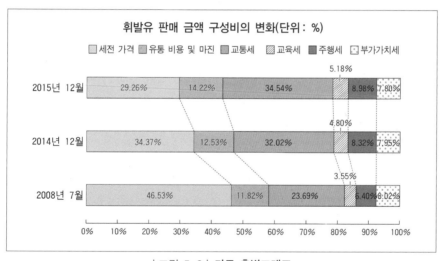

| 그림 5-9 | 가로 층별그래프

① 세로 층별그래프

비교해야 할 항목은 휘발유 판매 금액 구성비의 변화로, 비교해야 하는 항목의 수(명칭 구분의 수)는 6개, 비교하는 시기는 3개이다. 만일 공간이 충분하다면 관계가 없겠지만 제약된 공간 안에 도표를 배치해야 한다면 가로 층별그래프는 공간이 많아 각 층별 데이터 레이블을 삽입해도 복잡해 보이지 않는다. 또 계열선을 사용했더니 비교해야 하는 항목으로 시선을 유도하는 효과가 있어 비교 대상을 명확하게 구분할 수 있다.

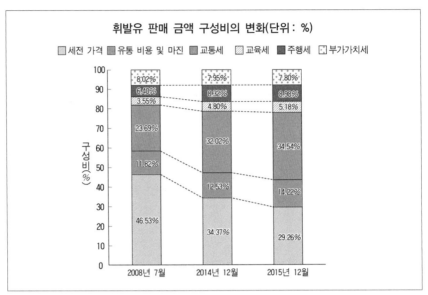

| 그림 5-10 | 세로 층별그래프

② 막대그래프

막대그래프는 그래프 중 작성하기가 비교적 쉽다. 비교 항목을 각각 분리해서 작성했기 때문에 비율을 비교하기도 쉽지만, 휘발유 판매 금액에 대한 구성비를 파악하기는 어렵다.

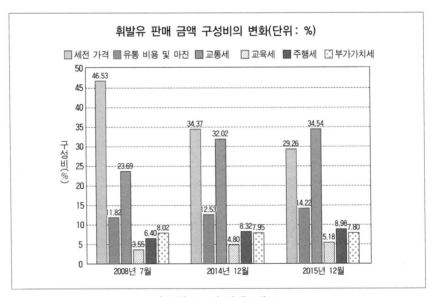

| 그림 5-11 | 막대그래프

③ 원그래프

원그래프도 비율을 보여 주는 그래프이지만 3개 연도를 비교해야 하므로 그 래프 역시 3개를 작성해야 한다. 또한 각각 연도별로 떨어져 있어서 항목의 넓이를 비교하려면 시선이 복잡하게 상하좌우로 움직여야 한다. 각 항목의 구성비(%)를 표기하지 않았더니 변화의 차이가 작은 항목은 변화를 구분하 기도 힘들다.

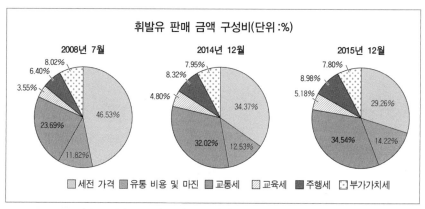

| 그림 5-12 | 원그래프

2) 눈금 크기 결정

도표의 눈금은 가로축과 세로축, 주 눈금과 보조 눈금으로 나눈다. 두 개의 주 눈금 사이에 보조 눈금이 그려져 도표에 표기되는 수량의 크기를 추출하기 쉽게 안내하는 역할을 한다.

이 두 종류의 눈금에서 수량(변량)을 나타내는 눈금의 경우에는 눈금 사이의 범 위를 어떻게 설정하느냐에 따라 보는 이로 하여금 착시 현상을 일으켜 다른 결 과를 보여 줄 수 있다. 다음의 사례는 눈금 범위의 차이에 따라 어떤 착시 현상이 나타나는지 보여준다.

도표를 사용하는 목적은 도표를 이용하여 간단하고 명확한 의사표현을 전달하는 데 있지만 그 바탕에는 객관성과 타당성, 논리성이 있어야 한다. 과장과 축소가 아닌 있는 그대로 논리적인 결과를 제시하는 도표를 사용해야 함을 주의하자.

사례 ⑤

도표별 특징과 작성할 때 주의 사항

1. 띠그래프

띠그래프는 비율그래프인 까닭에 각 명칭 구분이 차지하는 비율이 명확하게 구별되어 보여야 한다. 따라서 이웃한 각 띠가 서로 확실하게 구별되는 색, 기호를 사용하여 그래프를 작성하는 것이 좋다.

세로축에 명칭 구분을, 가로축에 수량(변량)을 표시하는 수평띠그래프가 비율의 변화를 파악하기에 좋다. 5개 상품의 월별 총 매출 금액에 대한 판매 비율의 변화를 나타내는 도표는 좋은 예이다.

2. 원그래프

원그래프는 비율그래프의 한 종류로 전체 원 넓이에 대해 각 명칭 구분이 차지하고 있는 넓이(비율)를 비교하는 도표다. 일반적으로 오른쪽 원그래프처럼 원의 중심에서 12시 방향을 기준으로 시계 방향인 오른쪽으로 회전하면서 큰 비율의 항목부터 작은 비율의 명칭 구분 순서로 작성한다. 기타 항목은 크기와 상관없이 제일 나중에 작성한다.

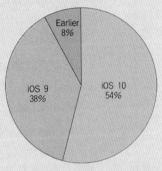

| 그림 5-13 | **54% of devices are using iOS 10**[3]

3. 막대그래프

수직 막대그래프와 수평 막대그래프 중에서 어떤 것을 선택할 것인가는 개인적인 취향이지만 수직 막대그래프가 일반적이다. 수직 막대그래프는 세로축은 수량(변량, 금액, 매출액, 판매량 등)을 나타내고 가로축은 명칭 구분(연도, 월, 장소, 종류 등)을 나타낸다. 막대가 많은 경우에는 눈금선을 기입하는 것이 구분하기 쉽다. 주의 사항으로는 막대의 폭이 같아야 한다.

---

3) 출처: phonearena, 「Apple : 54% of active devices now run iOS 10」, 2016.10.11. 그래프 발췌

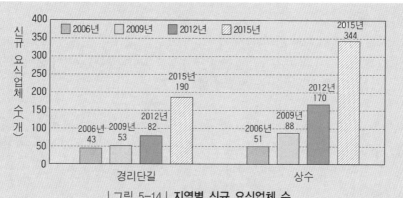

| 그림 5-14 | **지역별 신규 요식업체 수**

4. 층별그래프

층을 가로로 할 것인지 세로로 할 것인지는 작성자의 선호도와 도표가 들어갈 공간에 따라 정한다. 일반적인 구성의 비율그래프는 가로로 하는 것이 효과적이다. 층을 구분하는 기호나 색은 구별하기 쉽게 이웃한 층과 차이가 많이 나게 작성하면 비교하기 편하고 보조선으로 각 층을 연결하면 층의 비율 변화를 파악하기 편하다.

| 그림 5-15 | **국민연금 지역·사업장 가입비율**

5. 선그래프(꺾은선그래프)

세로축 선의 위치가 수량(변량)을 나타내므로 세로축 눈금이 가로축 눈금보다는 큰 것이 효과적이다. 두 개 이상의 선 종류로 도표를 작성할 때는 구별하기 쉽도록 기호와 색을 다르게 사용하고, 공간의 여유가 있다면 선이 나타내는 명칭을 기입해 주는 것이 좋다. 특히, 중요한 선은 굵기를 다르게 하거나 전혀 다른 색을 사용해서 강조할 수 있다.

6. 점그래프

서로 다른 두 속성 간의 관계(가로축과 세로축 값의 관계)를 점으로 나타내는 그래프로 그 점의 개수가 많으면 어떤 항목에 의한 점인지 구분하기 어려우므로 간단하게 명칭을 기입해 주면 좋다.

7. 레이더 차트(거미줄그래프, 방사형그래프)

레이더 차트는 다른 명칭 구분의 수량을 이어 주는 선이 겹쳐지는 현상이 나타날 수 있다. 이럴 때는 선이 정확히 겹치는 것보다는 위치를 살짝 다르게 해서 선이 중복되고 있음을 보여 주는 것이 좋다.

사례연구

우표 발행 현황

다음은 지식경제부에서 발표한 2007~2011년까지의 우표 발행 현황이다. 동일한 자료로 A학생과 B학생이 아래와 같이 각각 도표를 작성하였다. A학생은 보통우표와 기념우표의 발행량이 많이 감소했다고 해석하였고, B학생은 보통우표의 발행량은 많이 감소하였으나 기념우표나 나만의 우표 발행 수의 감소는 미비하다고 하였다.

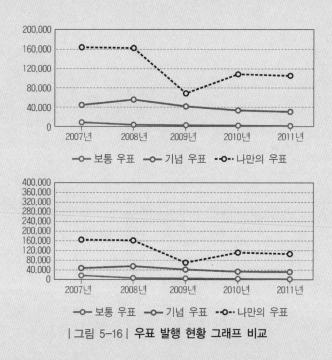

| 그림 5-16 | **우표 발행 현황 그래프 비교**

위 2개의 꺾은선(절선)그래프는 동일한 자료로 그린 그래프이고 세로축 눈금의 간격은 4만 장으로 동일하다. 차이점은 세로축의 최댓값이 위쪽 그래프는 20만 장이고, 아래쪽 그래프는 40만 장이라는 점이다. 동일한 공간에서 2배 차이가 나는 눈금 간격이 배치되어 있어서 아래쪽의 그래프가 위쪽의 그래프보다 축소된 모습을 보인다.

만일, 위 그래프의 작성 목적이 판매량이 미비하게 차이가 있다는 것을 말하자고 한다면 위와 같이 작성되어야 하지만, 반대로 판매량의 변화가 크다는 것을 말하자고 한다면 아래와 같이 그래프의 변화가 크게 볼 수 있도록 눈금의 간격을 조정해야 한다. 단, 지나친 과장이나 축소는 객관적이고 논리적인 판단을 방해할 수 있고, 사실을 왜곡하는 결과를 초래하므로 주의해야 한다.

◢ **교육적 시사점**

- 동일한 자료를 가지고 어떻게 도표를 작성하느냐에 따라 다른 결과를 나타낼 수 있다.
- 직업인은 업무 처리 과정에서 과장과 축소를 조심하고 수리적인 관점에서 객관적이고 논리적인 판단을 해야 한다.

탐구활동

※ 주어진 표를 보고 도표의 작성 절차에 따라 도표를 완성하시오.

주민등록인구 대비 외국인 주민 수

(단위 : 천 명)

구분	2011년	2012년	2013년	2014년	2015년
비율(%)	2.5	5.8	2.8	3.1	3.4
외국인 주민[1] 수	1,265	1,409	1,445	1,569	1,742
주민등록인구 수	50,515	50,734	50,948	51,141	51,328

1) 외국인 주민 : 국내에 90일을 초과하여 거주하는 외국인, 외국인이었다가 한국 국적을 취득한 자, 결혼
이민자와 국적 취득자의 자녀

1. 사용할 도표의 종류 결정

2. 가로축과 세로축 내용 결정
   가로축 :
   세로축 :

3. 가로축과 세로축의 눈금 크기 결정
   가로축 :
   세로축 :

4. 가로축과 세로축에 자료가 나타내는 곳을 표시

5. 표시된 위치에 따라 도표 작성

6. 도표의 제목, 가로축과 세로축의 단위 표시

도표 제목:

세로축 단위:

가로축 단위:

제3절 엑셀로 도표 작성하기

1 엑셀 프로그램으로 도표 작성하기

많은 직장인들은 업무 수행 시 마이크로소프트사의 엑셀 프로그램을 이용한다. 표, 도표를 쉽게 작성할 수 있고, 함수를 사용하여 여러 가지 통계 자료까지 만들 수 있기 때문이다. 앞에서 배운 도표 작성 과정과 엑셀을 이용하여 간단하고 기본적인 도표를 작성해 보자.

1) 자료 입력

자료를 입력할 때는 새로운 워크시트를 만들고, 작성하고자 하는 표를 먼저 작성한다. 엑셀 표에서 가로축인 열은 알파벳으로, 세로축인 행은 숫자로 구분되어 있다. 자료를 입력한 후 가로로 이동할 때는 Tab 키를 활용해도 되고, 화살표 좌우를 사용해도 된다. 세로로 이동할 때는 Enter 키를 활용하거나 화살표 위, 아래 방향을 이용한다.

	A	B	C	D	E	F	G
1	구분	2006년	2009년	2012년	2015년		
2	서울(비교)	64,350	70,423	85,736	136,034		
3	경리단길	43	53	82	190		
4	상수	51	88	170	344		
5	연남	22	32	58	171		
6	이태원	101	110	165	307		
7							
8							

2) 삽입 → 차트 선택

작성한 표에서 차트로 작성할 데이터 영역을 오른쪽 마우스 버튼을 클릭한 상태에서 드래그(drag)한다. 메뉴에서 [삽입]을 클릭한 후 [차트] 영역 오른쪽 하단 아래 화살표가 가리키는 부분을 클릭하면 여러 형상의 차트를 선택할 수 있다.

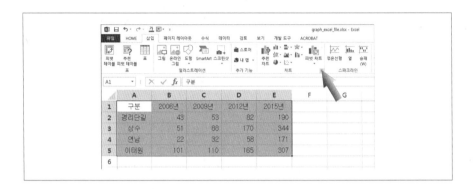

3) 차트 종류 선택

차트의 종류와 형상을 선택할 수 있는 두 가지 탭 메뉴가 나타난다.

① 추천 차트

선택한 데이터를 분석하여 소프트웨어에서 적합한 형상의 차트를 추천해 준다.

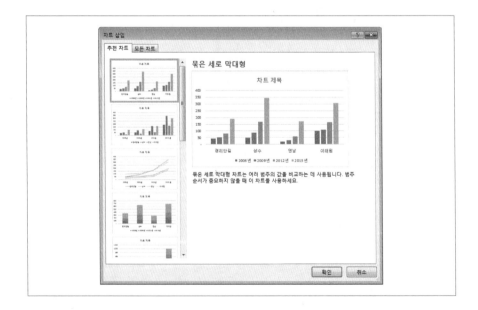

② 모든 차트

엑셀에서 지원하는 모든 형상의 그래프를 볼 수 있고, Preview 기능을 이용
하여 대략의 그래프를 보고 결정할 수 있다. 결정이 되면 확인 버튼을 누른다.

③ 위의 과정을 통해 최종 선택한 종류와 형상으로 차트가 작성된다.

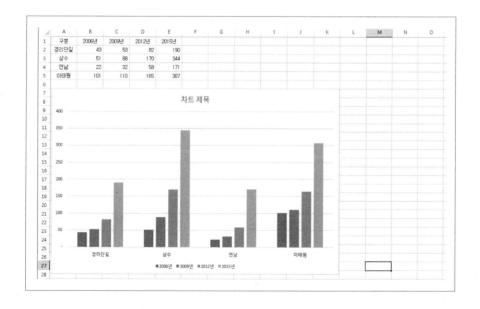

4) 데이터의 조정

① 메뉴로 들어가기

ㄱ 작성된 차트를 클릭하면 차트의 오른쪽 상단에 3개의 아이콘이 보인다.

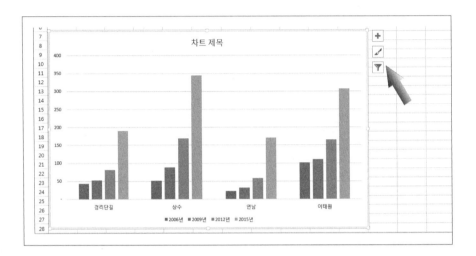

ㄴ 차트를 클릭하면 메뉴에서 [차트 도구] → [디자인], [서식]을 볼 수 있다.

ㄷ 또는 작성된 차트를 더블 클릭하면 엑셀 상단의 메뉴가 [차트 도구] → [디자인]을 클릭한 메뉴와 동일하게 바뀐다.

② 데이터 조정

㉠ 데이터의 추가, 삭제

- [메뉴] → [데이터 선택]을 클릭하면 다음과 같은 화면에서 항목 앞의 체크 박스 안에 추가하고자 하는 데이터는 체크 표시를, 삭제하고자 하는 데이터는 체크 표시를 해제한다.

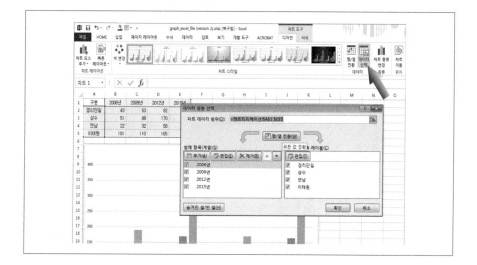

- 또는 그래프 옆 3개 아이콘 중에 제일 아래쪽 아이콘(▼)을 클릭하여 오른쪽 하단의 [데이터 선택…]을 클릭하면 아래 그림과 같은 메뉴가 보인다.

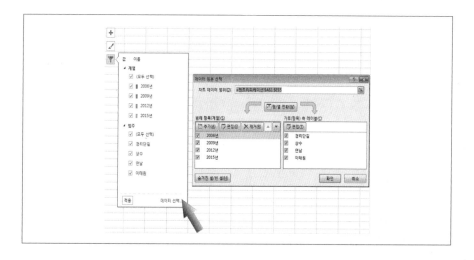

ⓛ 가로축과 세로축의 변경

- [행/열 전환] : 도표의 가로축과 세로축의 값이 바뀐다.
- [행/열 전환]을 클릭하면 가로축과 세로축의 값이 변하면서 그래프의 변화를 보여 준다.
- 그래프 오른쪽 3개 아이콘 중 제일 아래의 아이콘(▼)을 클릭하여 [데이터 선택⋯]을 클릭하면 동일한 메뉴가 보인다.

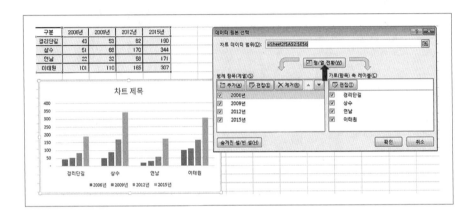

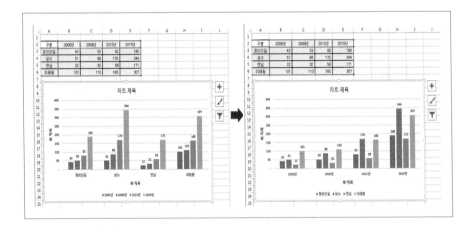

5) 그래프 조정

그려진 그래프의 테두리를 클릭하면 그래프의 오른쪽 상단에 3개의 아이콘이 보인다. 또한 메인 메뉴에서 [차트 도구] → [디자인], [서식]을 볼 수 있다.

① 차트 요소 추가

ㄱ 차트에 축, 축 제목, 차트 제목, 데이터 레이블, 데이터 표, 오차 막대, 눈금선, 범례, 선, 추세선, 양선 / 음선을 추가하거나 삭제할 수 있다.

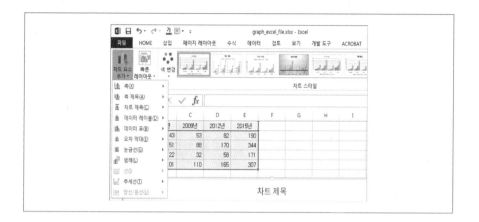

ㄴ 작성된 그래프 오른쪽에 보이는 아이콘 중, ✚를 클릭하면 아래와 같이 차트 요소 추가 메뉴가 나타난다.

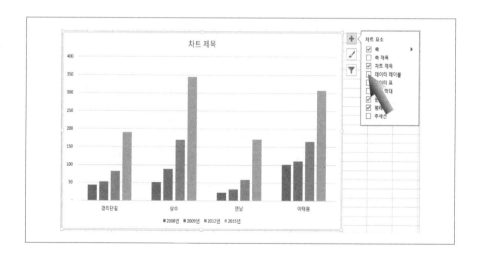

ㄷ 추가할 차트 요소의 앞 박스에 체크 표시를 하면 추가, 삭제할 차트 요소에 체크 표시를 하면 요소가 삭제된다.

ㄹ 앞의 그림에서 체크 표시가 없는 [축 제목]과 [데이터 레이블]을 체크하면
다음과 같이 표가 바뀐다.

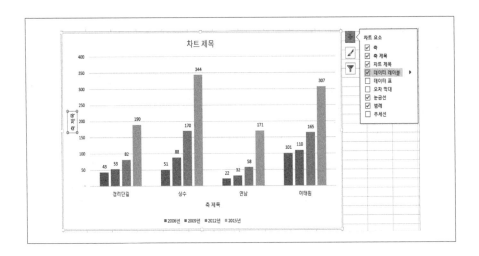

ㅁ 차트 제목(단위)과 축 제목(단위)을 입력한다.

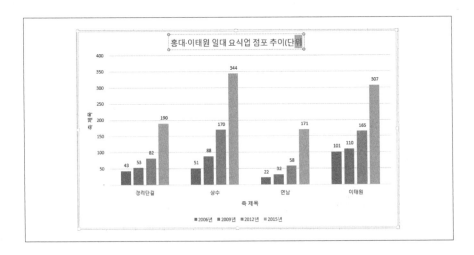

6) 도표 완성

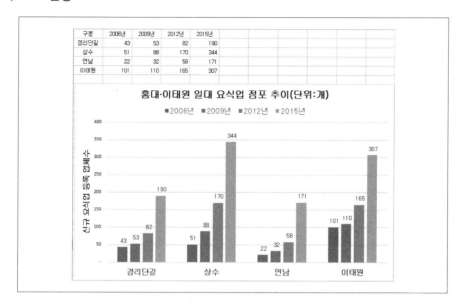

구분	2006년	2009년	2012년	2015년
경리단길	43	53	82	190
상수	51	88	170	344
연남	22	32	58	171
이태원	101	110	165	307

홍대·이태원 일대 요식업 점포 추이(단위:개)

사례 ❻

연도별 전국 노인돌봄종합서비스 이용 현황

다음의 표를 명시된 목적에 맞게 그래프로 작성하여라. 　2016년 건강보험심사평가원

연도별 전국 노인돌봄종합서비스 이용 현황

	2008년	2009년	2010년	2011년
이용 횟수(건)	104,712	88,794	229,100	253,211
이용자 수(명)	11,159	8,421	25,482	28,108
이용 시간(시간)	313,989	272,423	775,986	777,718

도표 작성 목적: 「연도별 전국 노인돌봄종합서비스 이용 현황」의 표를 이용하여 2012년, 2013년의 서비스 이용 전망을 예측함으로써 이 사업에 투자할 예산의 확대를 주장하고자 한다.

풀이

1. 도표의 작성 순서
1) 사용할 도표의 종류 결정

도표 작성 목적이 "2012년, 2013년의 서비스 이용 전망을 예측하여 이 사업에 투자할 예산의 확대를 주장"이므로 시간 흐름에 따른 변화 추이를 나타낼 수 있는 꺾은선그래프를 이용한다. 또한, 자료로 나타난 수량 변화의 폭이 큼으로 보조축을 사용한다.

2) 가로축과 세로축 내용 결정

도표에 나타낼 자료는 시간(연도)의 변화에 따른 이용 횟수, 이용자 수, 이용 시간이다.
- 가로축: 연도별
- 세로축: 이용 횟수, 이용자 수, 이용 시간

3) 가로축과 세로축의 눈금 크기 결정

엑셀에서 도표 삽입을 선택하면 기본적인 기능에 의해 나타나지만, 자료에 따라 조정을 해야 한다.
- 가로축: 연도별이므로 2008, 2009, 2010, 2011, 즉 1년 단위로 한다.
- 세로축: 이용 횟수와 이용 시간은 동일한 세로축을 사용하고, 이용자 수는 다른 수량과 차이가 크므로 보조축을 사용한다.

4) 가로축과 세로축에 자료가 나타내는 곳을 표시

엑셀 프로그램을 이용하므로 생략된다.

5) 표시된 위치에 따라 도표 작성

엑셀 프로그램을 이용하므로 생략된다.

6) 도표의 제목, 가로축과 세로축의 단위 표시

2. 엑셀에서 도표 작성 순서
1) 엑셀 워크시트에 표를 작성한다.

	A	B	C	D	E	F
1		2008	2009	2010	2011	
2	이용횟수 (건)	104,712	88,794	229,100	253,211	
3	이용자수 (명)	11,159	8,421	25,482	28,108	
4	이용시간 (시간)	313,989	272,423	775,986	777,718	
5						
6						
7						

2) 차트로 작성할 데이터를 마우스로 드래그한 후 [메뉴] → [삽입] → [차트 삽입]을 선택한다.

3) 팝업 메뉴에서 모든 차트 → 왼쪽 메뉴 차트 종류에서 콤보 클릭 → 오른쪽 메뉴 스타일을 선택한다.

4) 콤보 차트에서 각 데이터별 차트의 종류 및 보조축 설정 후 확인을 클릭한다.

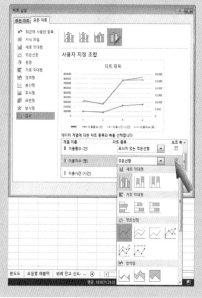

5) 화면에 기본형 차트가 보이면 옵션 변경을 하여 원하는 차트로 만든다.

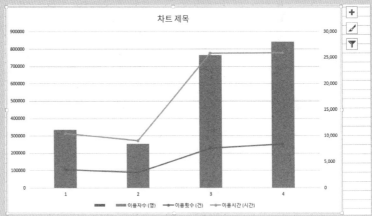

6) 차트에 사용할 색상을 변경한다.

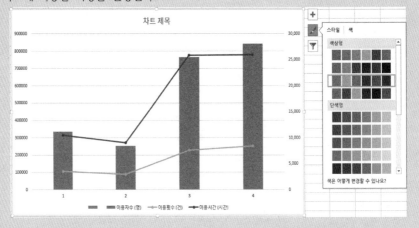

7) 6)에서 보면 가로축의 레이블이 숫자로 나타나는데 이를 연도로 변경한다.

[차트 필터] → [데이터 선택] → [편집] 선택

8) 축 레이블 팝업 메뉴에서 [축 레이블 범위]를 클릭한 후 1)에서 작성한 표의 연도를 드래
그한 후 확인을 클릭한다.

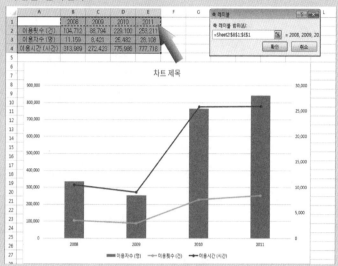

9) 7)에서 보였던 가로축 레이블의 값이 변한다.

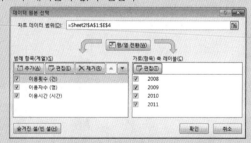

10) 축 제목 및 데이터 레이블 삽입 추가, 위치 변경

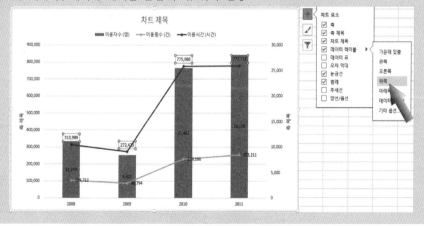

11) 차트 제목, 축 제목 입력

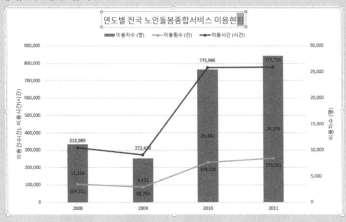

12) 완성

A	B	C	D	E	F	G	H	I	J	K
	2008	2009	2010	2011						
이용횟수 (건)	104,712	88,794	229,100	253,211						
이용자수 (명)	11,159	8,421	25,482	28,108						
이용시간 (시간)	313,989	272,423	775,986	777,718						

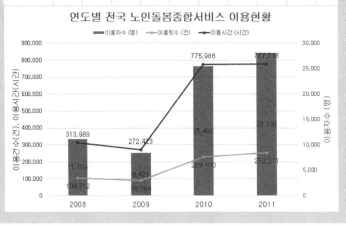

탐구활동

※ 다음의 자료를 이용하여 목적에 알맞는 도표를 엑셀을 이용하여 그리시오. (1~3)

휘발유 판매 금액 구성비의 변화

단위 : %(원)

		2008년 7월	2014년 12월	2015년 12월
판매 금액		100%(1,992.59원)	100%(1,652.23원)	100%(1,448.09원)
세전 가격		48.8%(937.51원)	33.3%(550.11원)	30.9%(447.98원)
세금	교통세	24.6%(472.00원)	32.0%(529.00원)	36.5%(529.00원)
	주행세	6.6%(127.44원)	8.3%(137.54원)	9.5%(137.54원)
	교육세	3.7%(70.80원)	4.8%(79.35원)	5.5%(79.35원)
	부가가치세	9.1%(174.78원)	9.1%(150.20원)	8.2%(119.43원)
유통 비용 및 마진		7.2%(140.06원)	12.6%(206.03원)	9.4%(134.79원)
국제 유가		131.31달러	60.23달러	36.42달러

1. 목적 A : 휘발유 판매 금액에 포함된 세금의 비율이 증가하고 있음을 나타내고자 한다.

2. 목적 B : 휘발유 판매 금액에 포함된 세금의 비율은 거의 차이가 없음을 나타내고자 한다.

3. 같은 자료를 이용하여 다른 결과를 나타내는 도표를 1번과 2번에서 그렸다. 그 원인은 무엇이며, 도표를 작성함에 있어서 주의할 점은 무엇인가?

정답 및 해설 p.240

1   다음은 도표를 작성하는 순서를 무작위로 나열한 것이다. 도표를 작성하는 순서를
바르게 나열하시오.

> A. 사용할 도표의 종류를 결정한다.
> B. 가로축과 세로축의 눈금의 크기를 결정한다.
> C. 도표의 제목, 가로축과 세로축의 제목 및 단위를 입력한다.
> D. 표시된 위치에 따라 도표를 작성한다.
> E. 가로축과 세로축에 어떤 내용을 나타낼지 결정한다.
> F. 자료의 가로축과 세로축이 나타내는 곳을 표기하여 정확한 도표를 그릴 수
> 있게 한다.

※ 다음은 2006년 통계청에서 발표한 「장례 인구 추계」에서 발췌한 연령별 인구에 대한
표이다. 이를 보고 이어지는 물음에 답하시오. (2~5)

연령별 인구

(단위 : 천 명, %)

구분		2000년	2010년	2011년	2020년	2030년	2030년	2030년
인구수	0~14세	9,911	7,907	7,643	6,118	5,525	4,777	3,763
	15~64세	33,702	35,611	35,808	35,506	31,299	26,525	22,424
	65세 이상	3,395	5,357	5,537	7,701	11,811	15,041	16,156
구성비	0~14세	21.1	16.2	15.6	12.4	11.4	10.3	8.9
	15~64세	71.7	72.9	73.1	72.0	64.4	57.2	53.0
	65세 이상	7.2	11.0	11.3	15.6	24.3	32.5	38.2
	계	100.0	100.0	100.0	100.0	100.0	100.0	100.0

2   위 표의 연령별 인구수를 도표 작성 과정에 따라 엑셀을 이용해 꺾은선그래프로 작
    성하시오.

  ① 가로축과 세로축 내용 결정

    가로축:

    세로축:

  ② 가로축과 세로축의 눈금 크기 결정

    가로축:

    세로축:

  ③ 도표 작성 후, 표 제목, 축 제목(단위)을 입력하여 완성

3   위 표의 연령별 구성비를 강조하여 엑셀을 이용해 층그래프로 작성하시오.

4   연령별 인구수를 꺾은선그래프로 작성한 이유는 무엇인가?

5   연령별 구성비를 층그래프로 작성한 이유는 무엇인가?

엑셀에서 차트 작성 다른 메뉴 소개

엑셀 프로그램은 많은 기능을 구현할 수 있는 우수한 프로그램이다. 우리가 앞에서 설명한 표를 만들고 차트를 작성할 수 있는 기능뿐만 아니라 데이터베이스처럼 자료 관리가 가능하며, 함수를 이용하여 통계학 또는 수학적 자료의 가공이 가능한 기능을 가지고 있다.

여기서 앞 내용에서 설명하지 못한 알아 두면 좋을 차트 작성의 다른 메뉴를 설명한다.

1. [메뉴] → [차트 도구] → [빠른 레이아웃]
   선택한 형상의 그래프에 해당하는 대표적인 레이아웃을 보여 주고 선택할 수 있다.

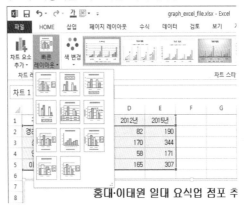

2. **색상 변경**
   그래프에 사용된 색상을 바꿀 수 있다. 두 가지 방법 중 편한 방법을 이용하면 된다.

1) [메뉴] → [차트 도구] → [색 변경]

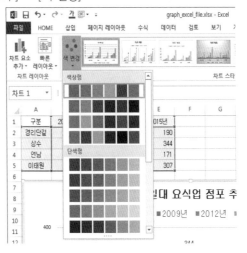

2) 차트 클릭 → [붓 모양의 아이콘 선택] → [색] 선택

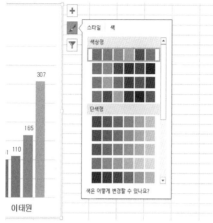

3. 그래프의 스타일 변경

간편한 방법으로 엑셀 프로그램에 등록되어 있는 형태로 차트 구성의 위치, 색상 글자의 크기, 안내선 등을 바꿀 수 있다. [미리보기] 기능을 사용할 수 있어서 마우스를 제시된 여러 스타일 위에 올리면 결과를 볼 수 있다.

1) [메뉴] → [차트 도구] → [차트 스타일]

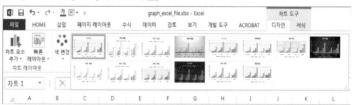

2) 차트 클릭 → [붓 모양의 아이콘 선택] → [스타일] 선택

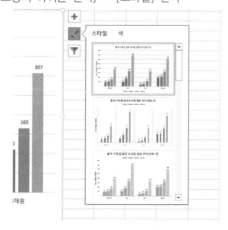

4. 그래프 제목, 축 제목의 위치 변경

1) 제목 위치 변경

   마우스로 제목을 클릭하면 축 제목의 테두리가 점선으로 바뀌고, 그 상태에서 위치 변경이
   가능하다.

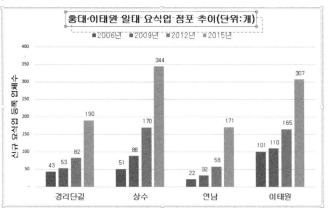

2) 세부 메뉴를 이용한 축 제목 위치 변경

   차트 클릭 → [+ 모양의 아이콘 선택] → [축 제목] 선택

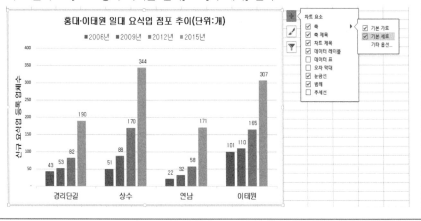

학/습/정/리

1. 직장에서 업무를 수행할 때 기획, 결과 보고 및 평가까지 필요한 문서 작업의 경우, 시각적 효과가 뛰어나고 내용도 잘 정리된 도표(표, 그래프, 다이어그램 등)를 작성하여 활용하면 의사 전달 효과가 높다.

2. 도표를 작성할 때 다음과 같은 절차는 다음과 같다.
   1) 사용할 도표의 종류를 결정한다.
   2) 가로축과 세로축에 어떠한 내용을 나타낼지 결정한다.
   3) 가로축과 세로축의 눈금의 크기(자료의 범위)를 결정한다.
   4) 자료의 가로축과 세로축이 나타내는 곳을 표시하여 정확한 도표를 작성한다.
   5) 표시된 위치에 따라 도표를 작성한다.
   6) 도표의 제목, 가로축과 세로축의 단위를 표시한다.

3. 효과적인 도표의 사용을 위해서는 도표 형상에 따른 장단점, 그리고 주의 사항을 숙지하여 적절하게 적용한다.

4. 업무에서 많이 사용하는 도표 종류와 작성할 때 주의할 점은 다음과 같다.
   1) 원그래프
      ① 전체에 대한 비율을 원의 넓이로 나타내는 비율그래프
      ② 시작은 12시 방향에서 시계 방향으로 명칭 구분을 배치
      ③ 비율이 높은 명칭 구분부터 비율이 낮은 명칭 구분으로 배치. 단 기타 항목은 맨 뒤에 배치
   2) 막대그래프
      ① 일반적으로 가로축은 명칭 구분(날짜, 항목, 종류 등)으로 사용하고 세로축은 수량(변량, 금액, 등)으로 사용한다.
      ② 기본적으로 가로축과 세로축이 직각으로 만나는 형태를 가진다.
      ③ 막대가 많아 복잡할 때는 눈금선을 활용하고, 데이터 레이블을 입력하여 쉽게 구별하게 한다.
      ④ 막대의 폭은 동일하게 그린다.
   3) 선(절선, 꺾은선)그래프
      ① 일반적으로 가로축은 명칭 구분(날짜, 항목, 종류 등)으로 사용하고 세로축은 수량(변량, 금액, 수량 등)으로 사용한다.
      ② 기본적으로 가로축과 세로축이 직각으로 만나는 형태를 가진다.
      ③ 가로축의 변화에 따른 수량(변량, 금액, 등)의 변화를 나타낼 때 사용한다.

5. 직장 업무에서 제안서, 기획서, 각종 보고서 등을 작성하는 것은 아주 중요한 일이다. 특히 마이크로소프트사의 엑셀 프로그램은 일반적이기도 하고 거의 대부부의 업무를 처리하는 중요한 프로그램이다. 엑셀로 작성한 도표는 호환성도 높고 도표를 쉽게 작성할 수 있는 장점이 있다.

사후 평가[4]

체크리스트

직업기초능력으로서 수리능력을 학습한 것을 토대로 다음 표를 이용하여 자신의 수준에 해당되는 점수 칸에 ✓표 하시오.

구분	문항	매우 미흡	미흡	보통	우수	매우 우수
수리 능력	1. 나는 수리능력이 중요한 이유를 설명할 수 있다.	1	2	3	4	5
	2. 나는 업무 수행 과정에서 수리능력이 활용되는 경우를 설명할 수 있다.	1	2	3	4	5
	3. 나는 업무 수행 과정에서 기초적인 연산이 요구되는 상황을 설명할 수 있다.	1	2	3	4	5
	4. 나는 다단계의 복잡한 사칙연산을 수행할 수 있다.	1	2	3	4	5
	5. 나는 통계의 의미를 설명할 수 있다.	1	2	3	4	5
	6. 나는 업무에 활용되는 기본적인 통계치를 설명할 수 있다.	1	2	3	4	5
	7. 나는 도표 작성의 목적을 설명할 수 있다.	1	2	3	4	5
	8. 나는 업무 수행 과정에서 활용되는 도표를 읽고 해석할 수 있다.	1	2	3	4	5
기초 연산 능력	1. 나는 연산 수행에 있어서 논리적인 사고의 중요성을 설명할 수 있다.	1	2	3	4	5
	2. 나는 기초적인 사칙연산과 계산 방법을 이해하고 활용할 수 있다.	1	2	3	4	5
	3. 나는 사칙연산에서의 교환 법칙, 결합 법칙 및 분배 법칙이 무엇인지 설명할 수 있다.	1	2	3	4	5
	4. 나는 업무 수행 과정에서 발생하는 다양한 문제 상황을 기본적인 연산을 통해 해결할 수 있다.	1	2	3	4	5
	5. 나는 연산 수행 결과를 검산하는 것의 중요성을 설명할 수 있다.	1	2	3	4	5
	6. 나는 역연산 방법이 무엇인지 설명할 수 있다.	1	2	3	4	5
	7. 나는 구거법이 무엇인지 설명할 수 있다.	1	2	3	4	5

---

4) 출처: 한국산업인력공단, 『직업기초능력 수리능력 학습자용 워크북』, pp.113~115 발췌

기초 통계 능력	1. 나는 통계의 본질과 일반적인 기능을 설명할 수 있다.	1	2	3	4	5
	2. 나는 업무 수행 과정에서 통계를 활용하는 경우를 설명할 수 있다.	1	2	3	4	5
	3. 나는 범위와 평균이 무엇인지 설명할 수 있다.	1	2	3	4	5
	4. 나는 분산과 표준 편차가 무엇인지 설명할 수 있다.	1	2	3	4	5
	5. 나는 기본적인 통계치들을 직접 구할 수 있다.	1	2	3	4	5
	6. 나는 제시된 통계치들의 의미를 설명할 수 있다.	1	2	3	4	5
	7. 나는 다섯 숫자 요약의 의미를 설명할 수 있다.	1	2	3	4	5
	8. 나는 평균값과 중앙값의 차이를 설명할 수 있다.	1	2	3	4	5
도표 분석 능력	1. 나는 도표의 목적 및 용도에 따른 종류에는 무엇이 있는지 설명할 수 있다.	1	2	3	4	5
	2. 나는 도표의 형상별 종류에는 무엇이 있는지 설명할 수 있다.	1	2	3	4	5
	3. 나는 도표의 종류별 활용에 대해서 설명할 수 있다.	1	2	3	4	5
	4. 나는 도표의 종류별 특징에 대해서 설명할 수 있다.	1	2	3	4	5
	5. 나는 도표의 종류별로 장단점을 설명할 수 있다.	1	2	3	4	5
	6. 나는 업무 수행 과정에서 어떠한 도표가 필요한지 설명할 수 있다.	1	2	3	4	5
	7. 나는 다양한 도표를 읽고 해석할 수 있다.	1	2	3	4	5
	8. 나는 도표 해석상의 유의 사항을 설명할 수 있다.	1	2	3	4	5
도표 작성 능력	1. 나는 도표의 일반적인 작성 절차를 설명할 수 있다.	1	2	3	4	5
	2. 나는 도표를 일반적인 절차에 따라 작성할 수 있다.	1	2	3	4	5
	3. 나는 선그래프와 막대그래프 작성 시 유의하여야 할 사항에 대해서 설명할 수 있다.	1	2	3	4	5
	4. 나는 원그래프와 층별그래프 작성 시 유의하여야 할 사항에 대해서 설명할 수 있다.	1	2	3	4	5
	5. 나는 같은 자료로 도표를 작성하였을지라도 다른 결론을 내리게 되는 경우에 대해서 설명할 수 있다.	1	2	3	4	5
	6. 나는 엑셀 프로그램을 활용한 도표 작성의 중요성을 설명할 수 있다.	1	2	3	4	5
	7. 나는 엑셀 프로그램을 활용한 도표 작성의 절차를 설명할 수 있다.	1	2	3	4	5
	8. 나는 업무 수행 과정에서 엑셀 프로그램을 활용하여 필요한 도표를 작성할 수 있다.	1	2	3	4	5

평가 방법

체크리스트의 문항별로 자신이 체크한 결과를 아래 표를 이용하여 해당하는 점수를 적고 총점을
계산해 보자.

학습 모듈	점수		총점	총점/문항 수	교재 Page
수리능력	1점 × ( )개			총점/8 = ( )	pp.14~43
	2점 × ( )개				
	3점 × ( )개				
	4점 × ( )개				
	5점 × ( )개				
기초연산능력	1점 × ( )개			총점/7 = ( )	pp.46~93
	2점 × ( )개				
	3점 × ( )개				
	4점 × ( )개				
	5점 × ( )개				
기초통계능력	1점 × ( )개			총점/8 = ( )	pp.96~125
	2점 × ( )개				
	3점 × ( )개				
	4점 × ( )개				
	5점 × ( )개				
도표분석능력	1점 × ( )개			총점/8 = ( )	pp.128~175
	2점 × ( )개				
	3점 × ( )개				
	4점 × ( )개				
	5점 × ( )개				
도표작성능력	1점 × ( )개			총점/8 = ( )	pp.178~229
	2점 × ( )개				
	3점 × ( )개				
	4점 × ( )개				
	5점 × ( )개				

평가 결과

모듈별 평균 점수가 3점 이상 '우수', 3점 미만 '부족'이므로, 평가 수준이 '부족'인 학습자는 해당 학습 모듈의 교재 Page를 참조하여 다시 학습하십시오.

NCS
직업기초능력평가

수리
능력

정답 및 해설

정답 및 해설

제1장 1절 p.24

[학습평가]

1 정답 : 기초연산능력, 기초통계능력, 도표분
석능력, 도표작성능력

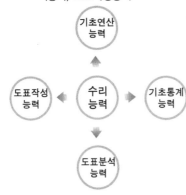

2 정답 : ① 수학적 사고를 통한 문제 해결
② 직업 세계의 변화에의 적응
③ 실용적 지식의 습득

제1장 2절 p.42

[학습평가]

1 정답 : 260

해설 : $10dl = 1l$이므로 비례식을 세워서 푼다.

$10dl : 1l = 2600dl : xl$

$$xl = \frac{1l \times 2600dl}{10dl}$$

$xl = 260l$

$\therefore x = 260$

2 정답 : 700000

해설 : $1km = 1000m = 100000cm$이므로

$7km = 7000m = 700000cm$

3 정답 : 12000000

해설 : $1t = 1000kg = 1000000g$이므로

$12t = 12000kg = 12000000g$

4 정답 : 7502

해설 : 1시간=60분=3600초

2시간=120분=7200초

5분=300초

$7200 + 300 + 2 = 7502$

5 정답 : 59.436

해설 : $1yd = 91.44cm = 0.9144m$

$1yd : 0.9144m = 65yd : x$m

$$x\text{m} = \frac{65yd \times 0.9144m}{1yd}$$

$\therefore x = 59.436$

6 정답 : 97.7

해설 : 화씨온도 = 1.8 × 섭씨온도 + 32

$= 1.8 \times 36.5 + 32$

$= 65.37 + 32$

$= 97.7(^\circ F)$

7 정답 : 112.5

해설 : 1냥 = 10돈 = 0.0375kg = 37.5g

3냥 $= 3 \times 37.5 = 112.5$g

8 정답 : 81.28

해설 : $1inch : 2.54cm = 32inch : x$cm

$$x\text{cm} = \frac{2.54cm \times 32inch}{1inch}$$

$\therefore x = 81.28$

9 정답 : 25.463

해설 : 1리 $: 0.392727km = x : 10km$

$$x = \frac{10km \times 1\text{리}}{0.392727km} \simeq 25.463$$

$\therefore x = 25.463(리)$

10 정답 : 25

해설 : 1할=0.1, 1푼=0.01이므로,

2할=0.2, 5푼=0.05

$0.2 + 0.05 = 0.25$

$0.25 \times 100 = 25(\%)$

제2장 2절 p.85

[탐구활동]

1 정답 : 480

해설 : 필요한 카카오의 양을 x라 하면

$$80 = \frac{x}{120+x} \times 100$$

$$80 \times (120+x) = x \times 100$$

$$9600 + 80x = 100x$$

$$9600 = 100x - 80x = 20x$$

$$\therefore x = 480$$

필요한 카카오의 양은 480g이다.

2 정답 : 단리

해설 : ① 단리

원리금의 합=원금×(1+이율×예치 기간)

$$= 10000000 \times (1+0.03 \times 3)$$

$$= 10900000(원)$$

② 복리

원리금의 합=원금×(1+이율)$^{예치\ 기간}$

$$= 10000000 \times (1+0.016)^3$$

$$= 10487720.96(원)$$

단리 방식이 더 많은 이자를 받을 수 있다.

제2장 3절 p.90

[학습평가]

1 정답 : 1784

해설 : 혼합된 사칙연산의 계산은 ① 괄호 안, ② 곱셈과 나눗셈, ③ 덧셈과 뺄셈 순으로 실행한다.

$$12 \times 150 - 121 \div 11 - 5$$

$$= (12 \times 150) - (121 \div 11) - 5$$

$$= 1800 - 11 - 5 = 1784$$

2 정답 : 37

해설 : $12 \times (150-101) \div 14 - 5$

$$= 12 \times (150-101) \div 14 - 5$$

$$= 12 \times 49 \div 14 - 5$$

$$= 37$$

3 정답 : 30명

해설 : 연립방정식을 세운다.

① 남성 신입 사원 수를 x라 하고, 여성 신입 사원 수를 y라 하면

$$x+y = 50(명)$$

② 영업과 발령 인원은

$$50 \times 0.4 = 20(명)$$

③ 영업과로 발령된 신입 사원 20명 중 여성 사원이 25%이므로

$$20 \times 0.25 = 5(명)$$

④ 영업과로 발령을 받지 않은 신입 사원의 수는 $50-20 = 30$(명)

영업과로 발령을 받지 않은 신입 사원 중 여성 사원은

$$30 \times 0.5 = 15(명)$$

⑤ 전체 신입 사원 중 여성 사원은 영업과로 발령된 5명과 영업과로 발령받지 않은 15명이므로

$$5 + 15 = 20(명)$$

⑥ 남성 신입 사원 수와 여성 신입 사원 수의 합은 50명이므로

$$50 - 20 = 30(명)$$

신입 사원 중 남자 사원의 수는 30명이다.

4 정답 : 약 17.65%

해설 : 연립방정식을 세운다.

① 농도가 10%인 소금물 100g 안의 소금과 물의 양은

$$10\% = \frac{소금}{소금 + 물} \times 100에서$$

소금의 양은 소금물의 양이 100g이므로

$$10\% = \frac{소금(g)}{100(g)} \times 100 = 10(g)$$

소금의 양 : 10g, 물의 양 : 90g

② 물 20g을 증발시키면 이 용액에는 70g의 물과 10g의 소금이 있다.

③ 소금 5g이 추가되었으므로 이 용액 안에 있는 총 소금의 양은 15g

④ 새로 만들어진 소금물의 농도는

$$\frac{15}{85} \times 100 \approx 17.65(\%)$$

새로 만들어진 소금물의 농도는 약 17.65%이다.

5 정답 : 70km

해설 : '속도는 거리를 이동하는 데 걸린 시간으로 나눈다'의 정의에 착안하여 연립방정식을 세운다.

① A지점부터 B지점까지의 거리 : x
② 철수에 대한 식
철수가 A지점에서 B지점까지 이동하는 데 걸린 시간 : t시간
철수가 시속 70km/h로 t시간 동안 이동한 거리 : $70t$km
③ 갑돌이에 대한 식
갑돌이가 A지점에서 B지점까지 이동하는 데 걸린 시간 : $(t+1)$시간
갑돌이가 시속 35km/h로 $(t+1)$시간 동안 이동한 거리 : $35(t+1)$km
④ 철수와 갑돌이가 이동한 거리가 같으므로

$$70t = 35(t+1)$$
$$70t = 35t + 35$$
$$35t = 35$$
$$t = 1$$

⑤ 철수가 A지점에서 B지점까지 이동하는 데 걸리는 시간은 1시간이다.
⑥ 철수가 1시간 동안 이동한 거리 $x = 70 \times 1 = 70 (\text{km})$

A지점에서 B지점까지의 거리는 70km이다.

제3장 2절 p.115

[탐구활동]

권수(권)	학생수(명)	계급값	계급값×빈도	편차	(편차)²	(편차)²×빈도
0 이상 ~2 미만	8	1	8	1-3.5=-2.5	6.25	50
2 이상 ~4 미만	3	3	9	3-3.5=-0.5	0.25	0.75
4 이상 ~6 미만	6	5	30	5-3.5=1.5	2.25	13.5
6 이상 ~8 미만	2	7	14	7-3.5=3.5	12.25	24.5
8 이상 ~10 미만	1	9	9	9-3.5=5.5	30.25	30.25
합계	20		70			119

2 정답 : 3.5
해설 : 학생들의 수의 합은 20명, 계급값과 빈도를 곱한 값의 합이 70이므로
평균 $= \dfrac{70}{20} = 3.5$

4 정답 : 5.95
해설 : 분산 $= \dfrac{119}{20} = 5.95$

5 정답 : 2.44
해설 : $\sqrt{5.95} \simeq 2.44$

제3장 3절 p.122

[학습평가]

1 정답 : 10개
해설 : 계급은 변량을 일정한 간격, 규칙으로 나눈 구간을 말한다. 표에서 구간을 나누는 것은 연령이다.

2 정답 : 0세 구간의 계급의 크기는 1세, 1~9세 구간의 계급의 크기는 9세, 이외 구간의 계급의 크기는 10세
해설 : 계급의 크기는 계급의 구간(영역)을 의미하므로 0세의 구간은 연령이 0세만 포함되고, 1세~9세 구간에는 1세, 2세, 3세, 4세, 5세, 6세, 7세, 8세, 9세 총 9개의 나이가 포함된다. 다른 계급은 10세, 11세, 12세, 13세, 14세, 15세, 16세, 17세, 18세, 19세 총 10개의 나이가 포함된다.

3 정답 :

연령(세)	계급의 최솟값+최댓값	계급값
1~9	1+9	5
10~19	10+19	14.5
20~29	20+29	24.5
30~39	30+39	34.5
40~49	40+49	44.5
50~59	50+59	54.5
60~69	60+69	64.5
70~79	70+79	74.5

해설 : 계급값은 그 계급의 최솟값+최댓값의 평균이다.

4 정답 : 대한민국 남성의 (평균) 키는 178cm
이다. 또는 대한민국 남성의 (키의
중앙값은) 178cm이다.

해설 : 178cm라는 값은 대한민국 남성들 키
의 대푯값이라는 의미가 있다. 만일
문제로 주어진 문장이 참이라면, 대
한민국 남성 모두(심지어 방금 태어난
아기도) 178cm이다.

5 정답 : 대한민국 40대 남녀가 책에 관하여
가족끼리 대화하는 시간은 (평균) 24
분이다.
또는 대한민국 40대 남녀가 책에 관
하여 가족끼리 대화하는 시간(의 중
앙값은) 24분이다.

해설 : 가족과 책에 대해 대화를 하는 시간이
일반적으로, 또는 평균적으로 24분
이라는 뜻이다.

6 정답 : 2

해설 : 반의 학생 수의 합은 20명, 펜의 총
수량은
$(1 \times 7) + (2 \times 8) + (3 \times 3) + (4 \times 2)$
$+ (5 \times 0) = 40$

평균 펜의 수량은 $\dfrac{40}{20} = 2$(개)

7 정답 : 2

해설 : 빈도의 총합이 20이고 짝수이므로
$\dfrac{20}{2} = 10$번째의 빈도가 속하는 계급
의 계급값 2와 $\dfrac{20}{2} + 1 = 11$번째의
빈도가 속해 있는 계급의 계급값 2의
평균이다.

8 정답 :

다섯 숫자 요약	값
최솟값	62
중앙값	77.5
최댓값	99
하위 25%값	70
상위 25%값	85

평균값 : 77.1

해설 : 자료를 작은 수에서 큰 수로 나열한다.
62, 63, 65, 67, 68, 70, 71, 72, 73,
77, 78, 79, 80, 81, 82, 85, 87, 91,
92, 99
최솟값은 62, 최댓값은 99, 중앙값은
$\dfrac{20}{2} = 10$번째인 77, $\dfrac{20}{2} + 1 = 11$번
째인 78과의 평균인 77.50이다.

하위 25%값은 $\dfrac{20}{4} + 1 = 6$번째이므로
70이다.

상위 25%값은 $\dfrac{3 \times 20}{4} + 1 = 16$번째
이므로 85이다.

평균값은 $\dfrac{1542}{20} = 77.1$이다.

제4장 3절 p.169

[학습평가]

1 정답 :

[예시] 원그래프	• 비율을 나타내는 그래프 • 원의 넓이로 그 비율을 알 수 있다.
꺾은선 그래프	• 경향, 추이를 볼 수 있는 그래프 • 선의 기울기로 변화의 정도를 알 수 있다.
층별 그래프	• 연속적 내역을 가진 비율그래프 • 한 항목을 구성하는 구성비의 변화를 알 수 있다
점그래프	• 분포의 정도를 나타내는 그래프 • 2가지 속성에 대한 값을 표현한다.
방사형 그래프	• 여러 개의 항목을 표현할 수 있다. • 평가 항목에 대한 균형과 경향을 직관적으로 표현한다.

2 정답 : ④

해설 : ① [표 1]에서 1행과 2행의 자료로 알 수 있다.

구분	2008년	2009년	2010년	2011년
이용 횟수 (건)	104,712	88,794	229,100	253,211
이용자 수 (명)	11,159	8,421	25,482	28,108
이용 횟수/ 이용자 수	9.38	10.54	8.99	9.01

② [그림]에서 분석할 수 있다.

구분	2008년	2009년	2010년	2011년
본인 부담금 (백만 원) (A)	332	253	366	375
매출액(백만 원) (B)	2,435	2,748	6,494	7,800
비중 ($\frac{A}{B} \times 100$) (%)	13.6	9.2	5.6	4.8

2008년부터 본인 부담금의 비중은 지속적으로 줄어들고 있다.

③ [표 2]에서 찾을 수 있다.

2008년 7대 도시 전체 이용자 수: 4,379명

2008년 서울 이용자 수: 1,570명

2008년 부산 이용자 수: 1,010명

서울 이용자 수+부산 이용자 수 =2,580명

전체 이용자 수에 대한 비율은 $\frac{2,580}{4,379} \times 100 \approx 58.9(\%)$이다.

④ [표 1]의 이용 시간과 [그림]에서 매출액을 정리하여 구할 수 있다.

구분	2008년	2009년	2010년	2011년
이용 시간 (시간)	313,989	272,423	775,986	777,718
매출액 (백만 원)	2,435	2,748	6,494	7,800
시간당 매출액	7755.05	10087.25	8368.71	10029.34

2009년은 2008년에 비해 시간당 매출액이 증가했으나 2010년은 감소하였다.

제5장 3절 p.224

[학습평가]

1 정답 : A, E, B, F, D, C

2 ① 정답 : 가로축 : 연도

세로축 : 인구수(단위 : 천 명)

② 정답 : 가로축 : 1년

세로축 : 5,000명

해설 : 세로축의 최소 인구수가 3,395명 이고 최대 인구수가 35,808명이므로 눈금은 0명~40,000명으로 한다.

③

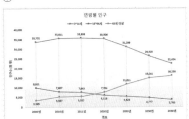

3

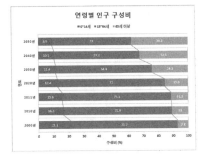

4 정답 : 0~14세의 인구수가 급격한 감소를 보이고 있고, 생산축이 되어야 할 15 ~64세도 급격하지는 않지만 감소하는 경향을 보이고 있다. 반면에 65세 이상은 증가하는 경향을 보이고 있다. 따라서 시간의 흐름에 따른 수량의 변화량 추이를 보이는 데 적합한 꺾은선그래프로 작성하는 것이 좋다.

5   정답 : 구성비를 나타내는 데 적합한 그래
프는 띠그래프, 원그래프, 층별그래
이다.
연령별 인구수로 3개 계급이므로 계
급별 구성비의 변화량도 보일 수 있고,
3개의 구분을 비교하기 좋은 그래프는
층별그래프이다.

참고 문헌

〈도서, 논문 및 보고서〉
곽해선, 『경제기사 궁금증 300문 300답』, 동아일보사, 2016
권정하, 권현직, 『신문이 보이고 뉴스가 들리는 재미있는 수학이야기』, 가나출판사, 2015
조양석 외 공역, 『동영상으로 보는 물리학』, 북스힐, 2005
물리학교재편찬위원회, 『새로운 물리학』, 청문각, 2001
요시지와 미쓰오, 『수학적 사고법』, 사과나무, 2015
한국산업인력공단, 「직업기초능력 수리능력 학습자용 워크북」, 국가직무능력표준 홈페이지
(www.ncs.co.kr)
phonearena, 「Apple : 54% of active devices now run iOS 10」, 2016

〈웹페이지〉
국립국어원 홈페이지(www.korean.go.kr)
NCS 국가직무능력표준, 능력중심채용 공개자료(www.ncs.go.kr/index.jsp)
한국주유소협회 홈페이지 보도 자료(www.ikosa.or.kr/index.jsp)
오피넷 홈페이지(www.opinet.co.kr)

저 / 자 / 소 / 개

**NCS 직업기초능력 분과
연구위원**

김혁민

김혁민 연구위원은 국민대학교 사범대학에서 물리교육을 전공하여 정교사자격증을 취득한 후, 이론 고체물리학 전공으로 이학석사를 취득하였습니다. 현재는 경북전문대학교와 대전보건대학에서 외래교수로 일반 물리학을 강의하고 있습니다. 물리학은 수리능력과 수학적 사고가 필요한 과목이지만 학생들이 수학이 어렵다는 이유로 등한시하여 기초적인 사칙연산의 오류를 범하거나 연산 자체를 회피하고, 그래프와 표의 이해 및 작성을 어려워하는 경향을 보여 학생들의 수리능력과 수학적 사고를 향상시킬 수 있는 교육 방법을 개발·연구하여 학생들이 쉽게 물리학을 이해할 수 있도록 저자 활동을 하고 있습니다. 한국표준협회의 NCS 직업기초능력평가 사업 참여를 통해 연구위원으로서 수리능력 교육과정을 개발하고, 유한대학교 직업기초능력 향상과정 강연 등 학생들의 기초수리능력 향상을 위해 지식과 경험을 토대로 보다 좋은 교육 방법 개발을 위해 노력하고 있습니다.

**NCS 직업기초능력 분과
연구위원**

남형천

남형천 연구위원은 대구대학교 대학원에서 물리치료를 전공하여 이학박사학위를 취득한 후, 고려대학교 의료원에서 11년간 근무하였습니다. 그리고 경북전문대학교에서 교수학습센터장, 기획처장, 학사지원처장 등 13년 동안 대학생들의 고등직업교육을 위해 최선을 다해 지도하였습니다. 현재는 대내외적으로 대학 평가 등에서 전문위원으로 활동하고 있으며, NCS 관련 교육과정 개발, 운영 및 평가 등에서 전문가로서 활동을 하고 있습니다. 또한 경북전문대학교 NCS 능력개발원 직업기초능력본부 부원장으로 대학생들의 직업기초능력 향상을 위해 교재 개발, 운영, 평가 등에 전념하며, 기초수리능력의 향상을 위해 노력하고 있습니다.

**한국표준협회 경영HR센터
NCS 직업기초능력
콘텐츠 디렉터**

박난주

한국표준협회 경영HR센터에서는 〈NCS 직업기초능력 시리즈〉를 출간하고 있습니다. 해당 도서들에는 직업기초능력과 관련한 주요내용 및 다양한 학습활동, 학습평가 도구들이 수록돼 있습니다. 이에 많은 대학과 직업교육 현장에서 꾸준히 교육도서로 사랑받고 있습니다. 본 도서가 교수학습에 도움이 되는 콘텐츠로 활용되기를 희망하며, 학습하시는 분들의 큰 성장을 응원합니다.
한편, 직업기초능력 콘텐츠를 활용한 특강 또는 교육 프로그램 등의 기획을 희망하시는 경우 협업 가능합니다. (NCS 사무국 박난주 위원: njpark@ksa.or.kr)